ことばが消えたワケ

時代を読み解く俗語の世界

米川明彦 著

朝倉書店

はじめに

　「消えたことば」というと、まず思いつくのが流行語であろう。毎年 12 月になると流行語大賞がマスコミに取り上げられるが、過去の流行語を覚えているだろうか。以下に主なものを列挙しておこう。もうすでに昨年のも忘れているのではないか。

1984 年　㊎（まるきん）㊙（まるび）

1985 年　イッキ！　イッキ！

1986 年　新人類・亭主元気で留守がいい

1987 年　マルサ・懲りない○○

1988 年　今宵はここまでに・しょうゆ顔・ソース顔

1989 年　オバタリアン

1990 年　バブル経済・ファジィ・オヤジギャル

1991 年　…じゃあ～りませんか・ダダーンボヨヨンボヨヨン

1992 年　冬彦さん

1993 年　聞いてないよぉ

1994 年　すったもんだがありました・同情するならカネをくれ

1996 年　自分で自分をほめたい・メークドラマ・チョベリバ

1997 年　失楽園（する）

1998 年　だっちゅーの

1999 年　リベンジ・カリスマ・癒し

2000 年　おっはー・IT 革命

2003 年　なんでだろう～・ヘェー

2004 年　チョー気持ちいい・負け犬

2005 年　想定内（外）・萌えー・フォー

2008 年　グー！

2011 年　ドドスコドドスコラブ注入

2012 年　ワイルドだろぉ

2013年　じぇじぇじぇ・今でしょ・倍返し・おもてなし
2014年　だめよ、だめだめ
2015年　爆買い・安心してください、はいてますよ
2016年　神ってる・ゲス不倫・アモーレ・PPAP
2017年　忖度・インスタ映え・35億

このうち今も使われている語や表現がどのくらいあるだろうか。「㊎」「ⓑ」「しょうゆ顔」「ソース顔」「ファジィ」「…じゃあ～りませんか」「ダダーンボヨヨンボヨヨン」「冬彦さん」「メークドラマ」「チョベリバ」「失楽園（する）」「だっちゅーの」「フォー」「ドドスコドドスコラブ注入」「じぇじぇじぇ」「倍返し」などは死語化している。「新人類」「オヤジギャル」などは今も使われているが、私がゲスト出演したラジオ番組のパーソナリティの30代の女性は知らなかった。

また、「消えたことば」は流行語以外に、ことば遊びから生まれた語にもある。私が小学生の頃（1960年代）、父が「ヒネルトジャー」とか「スワルトバートル」とか言ったおもしろいことばを教えてくれた。これは「水道」と「袴」のことである。ここ30年耳にしない。

さらに「消えたことば」は一般語の場合もある。事物が変化したためにそれを表すことばが消えていくことはよくある。たとえば「尺貫法」が廃止されて「メートル法」になり、職人の世界以外では「尺」「貫」は死語となった。また、事物が消滅してことばが消えていくことも多い。死語辞典やそれのエッセイ類はこのたぐいを多く掲載している。ただし、これに属する語は厳密に「消えた」とか「死語」と言うのはむずかしい。たとえば、酒井順子『モノ欲しい女』1・ズボン（1997年、集英社）に

　今や「お転婆」などほとんど死語。
　「お転婆」や「じゃじゃ馬」といった言葉は、「女性はスカートを穿く生き物」という考え方が常識だった頃のものです。

とある。私は「お転婆」はいまだに使っているが、酒井氏の考えは単にことばだけではなく、男女観の問題もからんでいる。本書では「消えたことば」かどうかは用例の年代から判断した。

ある時代だけに使われた「消えたことば」がある。たとえば『国民辞典　今日の言葉』（1938年、厚生閣）や雑誌『キング』の付録『ニュース便覧　一問一答新語新問題早わかり』（1940年、大日本雄弁会講談社）、『大東亜時局語』（1944年、

朝日新聞社）、三國一朗『戦中用語集』（1985 年、岩波新書）には戦中のことば「一億一心」「大東亜共栄圏」「大本営」「八紘一宇」「国民精神総動員」「興亜奉公日」「学童疎開」など数多くある。また戦後の 10 年ほど使われ、「消えたことば」もある。たとえば渡辺紳一郎『新語百科辞典』（1950 年、大泉書店）、雑誌『キング』の付録『新語大辞典』（1951 年、大日本雄弁会講談社）、雑誌『少年クラブ』の付録『少年新語辞典』（1953 年、大日本雄弁会講談社）には「MP」「カストリ」「逆コース」「斜陽族」「とんでもハップン」「ハバハバ」「パンパン」「レッドパージ」などが出ている。これらはしばしば取り上げられているので、本書では扱わず、明治時代語を取り上げた。

　さらに消えていった言い回しがある。「後生が悪い」「始末がいい」「お天道様が許さない」「おととい来い」「土砂をかける」などがその代表例である。

　さらにまた、「消えたことば」には俳句や和歌の世界のことばもある。夏井いつき『絶滅寸前季語辞典』（2010 年、ちくま文庫）には「絶滅寸前」の季語が取り上げられている。たとえば「愛林日（あいりんび）」「花軍（はないくさ）」「安達太郎」などがある。

　本書は主に「俗語」とひとくくりにできることばを取り上げる。

　俗語を次のように定義した（拙著『日本俗語大辞典』俗語概説、2003 年、東京堂出版）。

　　　俗語とは、話しことばの中で公の場、改まった場などでは使えない（使いにくい）、語形・意味・用法・語源・使用者などの点が、荒い・汚い・強い・幼稚・リズミカル・卑猥・下品・俗っぽい・くだけた・侮った・おおげさ・軽い・ふざけた・誤ったなどと意識される語や言い回しを指す。多くの場合、改まった場で使う同意語またはそれに準じる表現を持っている。主な候補語に若者語・業界用語・隠語・卑語・流行語・差別語の大部分あるいは一部分がある。また一般語の口頭語形がある。

この定義から俗語には次の特徴がある。

①俗語は話しことば、口頭語である。

②俗語は公の場、改まった場などでは使えない（使いにくい）。

③俗語は一般語または元の語に対して語形（荒っぽいとかくずれているとか）が問題となる。

④俗語は一般語に対して意味（下品・卑猥など）が問題となる。

⑤俗語は用法（規範的ではないとか間違っているとか）が問題となる。

⑥俗語は語源（卑猥・出所が悪いなど）が問題となる。

⑦俗語は使用者（反社会的集団など）が問題となる。

⑧俗語は語感（標準的な改まった語感ではない）が問題となる。

⑨俗語は同義語を持っている。

　俗語というと卑俗な下品なことばかと軽視されがちであるが、実際は生活に不可欠のことばで、これがないと困る。俗語は一般語以上に感情・心情をストレートに強く表現でき、また、相手への悪い印象やその場の雰囲気を和らげたり笑わせたりする働きがあり、さらに会話のテンポを良くする働きがある。

　先の流行語も遊びのことばもこの俗語に属する。また「まいう」（おいしい意）・「シャカシャカ」（ウインドブレーカー）・「〜してちょんまげ」のような改まった場では使えないことばも俗語である。俗語については『俗語入門—俗語はおもしろい！—』（2017年、朝倉書店）を書いたので参照してほしい。

　俗語は次々に生まれる一方で、次々に消えていく。ことばの発生は社会の世相や価値観、流行を反映することがしばしば見られるように、ことばの消滅にも同様のことが言える。俗語は人々の言語意識・価値観・時代背景、大きく言えば文化を反映しているからこそ、言語観や価値観や時代が変われば消えていくのである。それゆえに消えていった俗語は世の中の変化を見る格好の材料と言える。私は先に『俗語発掘記　消えたことば辞典』（2016年、講談社選書メチエ）で消えた俗語を辞典にした。本書はそれとは違い、俗語を分類して、どうして消えていったのか具体例を挙げながら歴史・社会・心理・言語・感覚との関係から死語化を考えてみた。本書で取り上げた俗語は若者ことば・老人語・業界用語・隠語・流行語・外国語もどき・卑罵表現など9種類で、そのほか俗語ではない外来語慣用句と一般語と明治時代語を取り上げた。なお、俗語である卑語と差別語（放送禁止用語の多くはこれに属する）はその性質上取り上げなかった。これについては安易に取り扱うことができない。

　もう一つ取り上げなかったものに方言がある。年々、方言が消えていく話を聞く。しかし、これは最近始まったことではない。今から80年以上前の雑誌に大阪弁が廃っていく話が出ていた。それは『ヨシモト』第2巻第8号（1936年）に掲載された林正之助「大阪弁について—私のむだ話⑤—」である。

　　近年大阪弁がだんだんすたつて行くやうに思はれる。

　　ずつと大阪に育つた私などにしてからが、時々、人と話をしてゐる時、あ

あ、あんな大阪言葉があつたと、相手の話から忘れてゐた言葉を思ひ出し、ちよつと懐しい気持ちになることがある。今日も放送プログラムを見てゐたら、「おんごく」のことが出てゐたが、もうこん日では「おんごく」と書いただけでは分らない大阪人が多いのではないかと思ふ。

「おんごく」とは7月に女の子が一列になり、前の子の帯をつかんで歌いながら練り歩く遊戯のこと。このような消えた方言は各地にあり、私の手に余るので方言の専門家に任せることにした。

2018年は明治元年（1868年）から数えて150年も経つ。この間に生まれたり、はやったりして使われたことばで、今や消えていった、あるいは消えかかっていることば（主に俗語）を振り返り、時代の変化とことばの関係をさぐってみた。

巻末には語彙索引をつけた。それを見るだけでも国語辞典に掲載されない俗語のバラエティに、また消えていったことばの多さに驚くだろう。

最後に、本書の出版にあたり、お世話になった朝倉書店編集部に御礼を申し上げる。

2018年4月

米 川 明 彦

目　　次

第1章

「スワルトバートル」
──外国語もどきが消えたワケ

消えていった俗語の最初に取り上げるのは「外国語もどき」である。「もどき」を漢字で書けば「擬き」で、まねをする意。「もどき」と言えば「がんもどき」を思い起こす人も多いだろう。これはもともと肉食を禁じた寺の精進料理で、豆腐を主体にしたものだが、雁の肉の味と似ているところから命名された。ちなみに、関西では「ひりょうず」（飛竜頭）と言う。また、「梅もどき」という葉が梅に似ている落葉低木がある。このように「もどき」は似て非なるものである。

ことばにも「もどき」がある。「外国語もどき」、難しく言えば「擬似外国語」である。単語を構成している要素に外国語をまったく含まない場合と一部にその要素がある場合とがある。基本的に日本語がもとになってできた「えせ外国語」である。これに対して和製英語に代表される外国語から成る語は構成要素に日本語を含まない場合である。したがって、ここでは和製英語は取り上げない。

1.1　江戸時代のオランダ語もどき

ことば遊びの俗語に外国語もどき、擬似外国語がある。外国語のように聞こえるが、実は日本語を変形して組み合わせただけの語である。古くは江戸時代、エレキテルで有名な平賀源内がオランダ語もどきの語をひねり出し、押し出し式ノリを「オストデール」、蚊取り器を「マーストカートル」、記憶の悪い人を「スポントワースル」と言った例がある。それぞれ「押すと出る」「回すと蚊取る」「すぽんと忘れる」をオランダ語風の発音に言い表したもの。

源内は本業が本草学者（今の薬物学者）であり、また戯作者でもあったため、このような笑いを含んだ語を作り出した。源内について、『解体新書』（1774年）を訳述した杉田玄白晩年の『蘭学事始』上之巻（1815年4月脱稿。福沢諭吉が

写本『和蘭事始』の題名を『蘭学事始』と改め、1869年に出版）に「その頃平賀源内といふ浪人者あり。この男、業は本草家にて生れ得て理にさとく、敏才にしてよく時の人気に叶ひし生れなりき。」（岩波文庫）と書かれている。

　では、どうしてオランダ語なのか。これは当時の幕府の方針と関係する。1639年、オランダと中国の船に限り長崎で貿易を許可する鎖国体制が完成し、西洋とはオランダのみ通商が許されたため、西洋の学問や技術はオランダ語を通して日本に伝えられた。その学問は「蘭学」と呼ばれ、蘭学をしている人を「蘭学者」と呼んだ。『蘭学事始』に、オランダ解剖書『ターヘル・アナトミア』（1734年）の会読の社中から「蘭学」ということばが生まれたことが書かれている。源内は蘭学者ではなかったが、蘭学の知識を取り入れて先のことばを作り、また物を発明した。

　「オストデール」式のオランダ語もどきが生まれた背景には8代将軍吉宗が1720年にキリスト教（当時は耶蘇教）に関係のない書籍の輸入を許可し、積極的にオランダの文物を輸入したこと、田沼意次が老中であったとき（1769～1786年）にさらに一層鎖国政策が緩和され、為政者・大名・上級武士・富裕層の町民の間に「オランダ好き」「蘭癖」（日蘭学会編『洋学史辞典』洋学史概説、雄松堂出版）の風潮があったためである。

　「オストデール」「マーストカートル」「スポントワースル」は江戸時代の人が知っていただけではない。現在では忘れ去られているが、『滑稽新聞』第39号（1902年）にも「其英語と云ふのは明和の昔し平賀源内の時代に流行つた和蘭陀語に似て居るのが多い、源内発明の蚊取器械を『マーストカートル』と云ふが如く」とある。また、大庭柯公『其日の話』26（東京朝日新聞1918年7月27日）に「例の発明翻案の天才平賀源内が、或時厚紙を三角の袋にして、その中へ糊を入れて、一方に小さな穴をあけて、押し出して使ふ万年糊を想ひ着きそれに『オストデール』といふ名を着けて、売り出させた。荷蘭もの〻渡来、西洋もの〻流行り始めたアノ頃としては、好個の翻案である。」と書かれている。明治から大正時代にも覚えられていたことになる。

　ちなみに江戸時代に「オランダ語もどき」ではない、本物のオランダ語から入った語に「インキ」「ガス」「ガラス」「コーヒー」「コック」「コップ」「ゴム」「コレラ」「コンパス」「サック」「ビール」「ピストル」「ポンプ」「マスト」などがある。これらは一般語として今も残っている古い外来語である。

1.2 オランダ語から英語へ

　江戸幕府は幕末から諸外国の通商要求に届し、開国していく。特に 1853 年、ペリー艦隊が浦賀に来て、アメリカ大統領の国書を浦賀奉行に手渡して以来、事態は風雲急を告げる。1854 年に日米和親条約を調印。1855 年に幕府は西洋の軍事・科学の翻訳・研究を進めるために洋学所を設置し、1856 年に蕃書調所と改称し、オランダ語の授業を行った。1858 年には日米修好通商条約が調印されたのに続き、オランダ・ロシア・イギリス・フランスとも条約を結んだ。1860 年には英語・フランス語の授業も行われた。1862 年にさらに洋書調所と改称し、『英和対訳袖珍辞書』が刊行された。1863 年に開成所と改称し、英語やフランス語などの教科書を刊行した。

　元号で言えば安政年間（1854 ～ 1859 年）は各藩校でオランダ語の学習がもっとも盛んであったが、上述した事情からオランダ語以外の外国語学習にも力を入れ始めた。オランダ語から英語へ時代は移っていく。

1.3 スワルトバートル

　しかし、明治以降もオランダ語もどきのふざけた新語がいろいろ造られた。先の『滑稽新聞』第 39 号（1902 年）の本文の続きに「明治の御代になつては英語として、袴を「スワルトバートル」、饅頭を「オストアンデル」、放屁を「イキムトヘーデル」、巻煙草を「ノムトヘル」、と云ふに同じである。サー読んで見給へ、フルトサス……　傘<ruby>傘<rt>からかさ</rt></ruby>　コーバシー……炒豆」とある。

　中でも「スワルトバートル」は有名だった。「座ると場取る」ということで袴のこと。先の大庭柯公『其日の話』26 にも「誰れが言ひ出したことか、袴のことを「スワルトバートル」などゝ洒落たのも、此辺からの重訳であらう。」とある。さらに 1917 年、浅草オペラ「女軍出征」に取り入れられた英国歌謡「ダブリン湾の唄」の替え歌にも「イングリシユで申さうなら、おすとアンデルすわるとバートル」と使われている。吉本興業の雑誌『笑売往来』第 8 号（1927 年）に「要するに之等は現代人が言ふ所の「オストアンデル」や「スワルトバートル」と同好<ruby>好<rt>ママ</rt></ruby> 異曲の洒落や地口で御座いませう」とある。

　昭和初期になると女の意にも解釈されていた。『モダン語漫画辞典』（1931 年、洛陽書院）に「スワルト・バートル　「女」。女の腰は雄大で、坐ると場を広く取

るから」とある。木村 荘 八『東京今昔帖』七日言（1953 年、東峰書房）に「ス
ワルトバアトル——これは「ハカマ」のこと。クウトヘル——これは「米」。オ
ストアンデル「まんじゅう」。こういうシャレたエイゴは、この節聞かないが、
もつとも「エイゴ」というよりこれらは「オランダ語」である。たくまずしてそ
こに幕末明治初年製のレッテルが判然とするのは、これもことだまの面白さだろ
う。」と「この節聞かない」ことばになったらしい。しかし、私は 1960 年代に父
から聞いていた。

　「オストアンデル」も「スワルトバートル」に負けず劣らず使われていたこと
は上の例でもわかる。また、1929 年生まれの小沢昭一『イケイケどんどん　小
沢昭一的こころ』タンクについて考える（1997 年）に

　　　あれはまだ小学生のころですが、近所の若い衆連が、
　　「あの豆腐屋の娘。もう、ガスタンク、ムチムチだよなア」
　　なんて喋ってるのを小耳に挟んで、なるほど、おケツはガスタンクか、オモ
　　シロイ言い方だなぁ、と子供心に感心いたしましたよ。あのころは、マンジュ
　　ウのことを「オストアンデル」、水道のことを「ヒネルトジャー」なんて言っ
　　て、喜んでおりましたからネ。ですからオッパイについては「ミルクタンク」。
　　今は、別にミルクタンクなんて言葉、オモシロクもなんともありませんが、
　　一種のコトバ遊びで、最初は大笑いでした。

と書いてある。小学生の頃と言うから 1930 年代だろう。

1.4　昭和の例

　昭和になってもこの種の遊びのことばは造られていた。『モダン語漫画辞典』
（1931 年、洛陽書院）や『社会ユーモア・モダン語辞典』（1932 年、鈴響社）に
多くの例が出ている。

　そこで問題。次にクイズ形式で出題しよう。左のことばの意味を右の a 〜 e か
ら選べ。

　　　アンクルム　　　　　　　a　マッチ
　　　アクセンタム　　　　　　b　禿頭
　　　スルトヒーデル　　　　　c　大福餅
　　　ハイスベリー　　　　　　d　蛍
　　　シリヒカール　　　　　　e　高利貸し

　正解　「アンクルム」は「餡くるむ」でc、「アクセンタム」は「悪銭貯む」でe、「スルトヒーデル」は「擦ると火出る」でa、「ハイスベリー」は「蠅滑り」でb、「シリヒカール」は「尻光る」でd。

　外国語もどきを意味分野別にあげると次のようにたくさんの語があった。

①食べ物…アリヨール（砂糖）・アンクルム（大福餅）・オストアンデル（饅頭）・カムコリン、カムパリン（煎餅）・グルリアン（おはぎ）・クートプーデル（サツマイモ）・サイテヤーク（鰻）

「グルリアン」などは今でも使えそうな傑作と思うがどうだろう。

②人…アクセンタム（高利貸し）・コオンブス（子守）・シリニシーク（かかあ天下）・ゾクシバール、ゾクトール（警官）・ダイテノーマス（乳母）・デルトマーケル（弱い力士）・ヒビブラリー（怠け者）・フボクロース（不良少年少女）・フミクバール（郵便配達）・ベンピーズ（便秘の人）・モンデクラース（按摩）・ヨクナーク（赤ちゃん）・リデクーテル（金貸し）

人に関する語はそれほどぱっとしたものはない。

③乗り物・器械・道具…アルトクラシイイ（金銭）・ケムノコール（汽車）・ゴハンターク（釜）・スマシテトール（写真）・スルトヒーデル（マッチ）・スワルトバートル（袴）・テントーブ（飛行機・飛行船）・ノムトヘル（巻きタバコ）・ノルスベリー（スキー・そり）・ハシルブー（自動車）・ヒネルシャー、ヒネルトジャー（水道）・マーストハイトル（蠅取り器）・ヤニターマル（キセル）・ヨクミエール（望遠鏡）・リンナール（電話）

乗り物・器械・道具はその物がなくなったり様変わりしているため使えそうにない。「ヒネルトジャー」は父から聞いた覚えがある。

④身体・生理…イキムトヘーデル、プートデール（屁）・ハイスベリー、ハイツルリー（禿頭）・タンデクロース（喘息）・マクルシャー（小便）・ノータラン、ノールス（馬鹿）

「ノータラン」はよく父に言われたものだ。

⑤動物…クレルトオーフル（犬）・シリヒカール（蛍）・チュートル（猫）・ハイタカール（生魚）・ホエルカム（狂犬）

⑥場所…キャクトメール（旅館）・シゼンワーク（温泉）・スリモオール（混雑）・モトクラシー（灯台）

⑦行為…セイトオソール（試験）・ビクモーツ（釣り）・フクレッツラー（立腹）・

ブランシス（縊死）・ミナオヨーグ（海水浴）・メカラヒーデル（鉢合わせ）・
モーノマン（禁酒禁煙）・ワンクラワン（夫婦げんか）
身体・生理・動物・場所・行為は時代に変わりはないので使える。

1.5　外国語の普及

私が小学生の頃、父がよく言っていたのが「オストアンデル」「スワルトバー
トル」「ヒネルトジャー」で、ばかばかしさがたまらなく楽しかった。このよう
な外国語もどきの遊びのことばは昭和30年代までは確実に使われていたが、最
近まったく聞かなくなった死語だ。

そこで、どうして消えていったのかを考えてみよう。結論を先に言えば、外国
語は未知、あこがれの言語ではなくなったからだ。江戸時代には鎖国をしており、
その中でオランダ語はきわめて限られた外国語であり、しかも一部の上流層の人
たちのみが接しうる言語であった。そういうことから源内のような人が出て、巧
みにことばを造り上げた。幕末から明治になり、英語熱が高まり、同時に中学校
教育で英語が課せられて、外国語と言えばオランダ語から英語に移った。第一次
世界大戦を通じて日本は農業国から工業国へ脱皮し、産業が拡大した。その背景
のもと、中等・高等教育の普及は著しかった。1926年（大正15・昭和元年）の
中学校の生徒数は316759人、高等女学校の生徒数は326208人、高等学校の生徒
数は18107人、大学の学生数は52186人であった。1955年の大学進学率は男子
が15%、女子が5%であった。しかし、高度経済成長期から進学率はどんどん上
がり、今では男女とも50%を超える。このような高等教育の普及・拡大は外国
語の受容に大きく働く。外国語はまったくの未知の言語ではなくなった。またあ
こがれでもなくなった。それらしいことばを作り出すことは幼稚に思えるように
なったのだ。それよりも正式の英語で言えば済むことであった。こうして遊びの
オランダ語もどきは消えていった。

1.6　現代の商品名

このようなことばは日常から消えていったが、おもしろさのゆえに新たに現代
では安価な家庭用の商品や薬品の名前につけられることが多い。『朝日新聞』（1982
年7月2日夕刊、大阪本社）に「ネーミング考幻学」という記事があり、「アブ
ラトーレ」（油取り洗剤）・「モラン」（防水剤）・「モルナイト」（防水剤）・「ピタ

リコン」(接着剤)・「ハナレン」(接着剤)・「サビナイト」(さび止め) などの例が挙がっている。

　薬品では「ケロリン」(痛み止め、内外薬品)・「虫コナーズ」(虫除け、KINCHO)・「ヨーデル」(便秘薬、藤本製薬) の他、「のどぬ～る」(のどに塗る薬)・「ジキニン」(「じきに治る」から風邪薬)・「ナイシトール」(内臓脂肪を取る薬)・「サカムケア」(逆むけの薬)・「ワスノン」(物忘れ防止薬) など小林製薬のネーミングにはこのようなものが多い。

1.7　英語もどき

　次に、一部に英語の接尾語 -logy、-ist、-ism、-ing などをつけて英語もどきにした語があり、明治時代から造られていた。

◉サイノロジー

　中でも古いのが「サイノロジー」である。これは「サイコロジー」のもじりであり、「妻のろ」(「のろ」はのろけ) とをかけたもの。後にアイヌ語研究で有名になった言語学者の金田一京助が学生の頃 (1904 年) に造語したものだ。金田一京助の『学窓随筆』言葉の気まぐれ (1936 年) に

　　妻惣学〔サイノロジー〕といふ語を、二十五年来よく新聞雑誌に見受けるが、私には、三十年の思ひ出がある。(略) 明治三十七年の秋は、文科大学が始めて、試験と学級制度を廃止して、そして今の単位制が布かれたその最初の新年度であつた。そこへ入学して来た私達は、自由に愉快に、貪る様に高名な諸先生の講義へ殺倒〔ママ〕した。その中で、偶々〔たまたま〕建部博士の社会学概論、桑木博士の哲学概論に、期せずして科学の分類へぶつつかり、又松本博士の心理学概論も心理学の歴史で始まつて、毎日ノートへ、何々オロジーの出ること出ること、(略) さん〲〔ぐ〕にこの学名に悩まされた時、特にこのノロジーの語呂の可笑しさに他愛もなく笑ひ崩れつゝ、エスノロジーと云ふ奴もあるぜと誰かゞ云へば、いやフオノロジーだつてある、といふ様な調子、ハハハハともう一度笑ひ崩れたその時だつた、『サイノロジーなどは無いかなあ』私と共に異口同音にさう云つて、くくくくと笑ひこけたのは A 君だつたが、誰かゞ側から、さうだ、それは君が専攻するとよい、とか、いや君の方が適才だとか、いや君こそ生れながらのサイノロジストだよ、いやそれはどつちの方だか分るもん

　　か、など云つて、穴埋めをそつちのけに、わあわあ大笑ひをしたことがあつ
　　たのである。

とある。学問の「〜ノロジー」の多さからできたものであった。いかにも学問名っ
ぽく聞こえて学生たちに受けたのだった。その後、この語は彼ら学生だけの語で
はなく、広く知れ渡った。

　　たとえば、坂本箕山『頼山陽大観』（1916 年、山陽遺蹟研究会）に「其の山陽
が妻ノロヂーは京洛中での大評判となり」とあり、当時もっとも売れた新語辞典
『訂正増補　新らしい言葉の字引』（1919 年、実業之日本社）に「サイノロジー　「細
君にのろい」を、サイコロジーの発音にもぢつて言ふ。妻惚＋ gy である」と掲
載された。金田一が「二十五年来よく新聞雑誌に見受ける」と書いているとおり、
大正から昭和にかけて世間でも使われた。しかし、現在「僕はサイノロジーだ」
などと言う人はもういない。「サイノロ」と聞いて「才能」を思い浮かべても、「妻
惚」を思い浮かべる人はほとんどいないであろう。消えていった俗語である。

　　なお、「サイノロジー」の反対が「テイノロジー」。亭主に甘い、べたぼれの妻
の意。『かくし言葉の字引』（1929 年、誠文堂）に「テーノロジー　夫に甘い妻
君のことをいふ。サイノロジーの反対。」とあり、当時の各種のモダン語辞典に
しばしば取り上げられたが、これも消えていった。

◉ヨタリスト

　　次に「〜主義者」またはそれを専攻する人を表す -ist をつけた遊びのことばを
見てみよう。先の金田一の文章に「サイノロジスト」が出ていたのが古い。つい
で「ヨタリスト」は口から出まかせを言う人、無責任な行動をする人のこと。『訂
正増補　新らしい言葉の字引』（1919 年、実業之日本社）に「ヨタリスト　いゝ
加減な無責任な口から出まかせを喋舌る人を与太郎、そのことを与太を飛ばすと
いふが、それから出た新語で、英語のイスト（ist）をつけて yotaro-ist ＝ yotar-
ist としたのである。」とあり、90 年前の女学生にも使われたようで、『少女画報』
（1928 年 10 月号、東京社）の「現代東京女学校新流行語集」に「ヨタリスト
口から出まかせを言ふ人の事」とある。小生夢坊『尖端をゆくもの』珍優五九郎
に絡る話（1930 年、塩川書房）に「ダグラスの支配をやつてゐたと自称する映
画界名うてのヨタリスト田中エドガー欽之氏」とある。大衆娯楽雑誌『ヨシモト』
第 2 巻第 7 号（1936 年）に「ヨタリスト九里丸クンが」とあり、この語はこの

種のことばの中では一般人にもっともよく使われたが、消えていった。

「タンキスト」は短歌を作る人。『訂正増補　新らしい言葉の字引』に「タンキスト　短歌を作る人。英語で ist がつくと何々する人となるので日本語の短歌（tanka）に ist をつけてタンキスト（tankist）としたのである。」とある。

「ニヤリスト」はニヤニヤしている男。『少女画報』（1926 年 4 月号）の「現代女学生隠し言葉辞典」に「ニヤリスト　にやりにやり笑つてゐる人。」とあり、『少女画報』（1928 年 10 月号）の「現代東京女学校新流行語集」には「ニヤリストにやけ男、にやけた感じの悪い人の事」とあり、昭和初期の女学生用語であった。東京の女学校を舞台にした獅子文六『信子』3・1（1938 〜 1940 年）に「この次ぎの時間は、ニヤリストのお修身ね。参るわ」とあり、その少し後ろに「ニヤリストというのは、初耳だ。早速、英和辞典を引いてみたが、そんな新語は出ていない。」とある。「ニヤリスト」とあだ名された教頭が出てくる。昭和のはじめから日中戦争の勃発までの時期を扱った高見順『いやな感じ』第 4 章その 5（1960 〜 1963 年）に「女の前でただニヤニヤしてゐるキザな男がニヤリスト」と使われている。

「ヒニクリスト」は皮肉り屋のこと。『ヨシモト』第 2 巻第 2 号（1936 年）に「石田一松君、専売特許の、時事諷刺のノンキダネ節もまたあまりに有名過ぎる。自らヒニクリストと称してゐるが、相当際どいとこまで言ふよ。」とある。

以上のほかに「アルキニスト」（徒歩主義者）・「ギンブラリスト」（よく銀ブラする人）・「ダベリスト」（だべる人）・「ダラリスト」（だらだらしている人）・「トッカピニスト」（精力剤トッカピン愛好者）などがある。いずれも昭和初期の語だ。

では、どうしてこのような語が生まれたのか。-logy や -ist をつけた英語もどきの語は初めて知った英語を使いたくて、遊びから次々に造り出したことばである。だから多くは学生・生徒が造語者である。遊びのことばは所詮一時的なもので長続きはしない。

-ist は近年なら「アムラー」（安室奈美恵のファッションをまねた女性）・「アララー」（本人はアムラーのつもりだが、全くなっていない女性）・「オイラー」（脂性の人）・「キティラー」（ハローキティちゃんグッズの愛好者）・「ジェアラー」（JR で通勤通学している人）・「シキラー」（仕切りたがる人）・「シャネラー」（シャネルのブランドが好きな人、それを多く身につけている人）・「マネラー」（アイドル・タレントの服装などをまねる人）・「マヨラー」（マヨネーズが大好きで、何にで

もかけて食べる人）のように「〜ラー」と言うところだ。こちらも学生が造語したもので、遊びのことば。「〜イスト」が堅く古くさく感じ、若者は新たに「〜ラー」で語感が軽く新鮮なことばを造り出したと言えよう。

　また、現代若者ことばには「-ee」（〜ティ）をつけたことばがある。「ジモティー」「ジモティ」は地元の人。

●ナオミズム

　「〜イスト」のはやったのと同時期に「〜イズム」があった。これは主義を表す -ism を日本語につけて造語する英語もどきである。当時、左翼思想がはやったためである。今和次郎『新版大東京案内』東京生活百態（1929 年、中央公論社）に

> 　この就職難から、まともな考へとしては、被搾取階級への同情、そして資本主義社会に必然的に齎らされてゐる諸欠陥への関心！　それからそれと近代の諸思潮に向つて真面目に留意するとするならば、彼等は近代思潮の市場に何を見せられてゐるか？
> 　マルキシズム、ダヸイズム、フアシズム、リベラリズム
> 　イズム、イズム、イズムの行進曲だ。

とある通りである。

　戦前のものに「アナアキズム」（「アナーキズム」のもじりで、処女を失った女子）・「イキアタリバッタリズム」（成り行き任せ）・「我利我利ズム」（自分の利益ばかりを追求すること）・「スケベリズム」（助平）・「ズルズルベッタリズム」（物事をただ成り行きに任せて続けていくこと）・「テクテクズム」（徒歩主義）などがある。「イキアタリバッタリズム」・「ズルズルベッタリズム」などは長ったらしくて使えないので消えていった。

　ここではこれらよりはすこしましな「ナオミズム」を取り上げよう。谷崎潤一郎の小説に『痴人の愛』（1924 〜 1925 年）がある。この小説は男主人公譲治の「痴人性」と女主人公ナオミの「淫婦性」を描いたもので、「ナオミズム」はナオミの異常性欲を指している。『モダン用語辞典』（1930 年、実業之日本社）に「ナオミズム　谷崎潤一郎の小説『痴人の愛』の女主人公ナオミの名より出た語。因習的な貞操観念なき、女性の変態性欲的恋愛をいふ」とある。「ナオミズム」のように下の名につけることは少ない。強烈な個性を持つ女性の名ゆえに造られた

語ではあったが、その意味するところから定着せずに消えていった。

姓につけた「イズム」はよくあった。たとえば、「福本イズム」「猪俣イズム」がある。前者は大正末期から昭和初期にかけて共産主義者福本和夫が唱えたもの。後者は昭和初期に経済学者の猪俣津南雄が唱えた合法的左翼運動。「イズム」は本来、学問的な主義につく語であるが、上にあげた例のように俗語では全く関係なく、軽く遊んで使っている。

戦後のものでは「チラリズム」がある。これは戦後の女剣劇のスターであった浅香光代が立ち回りで着物の裾からちらりと太ももを見せるエロチシズムから言われたことば。

◉ウンチング

-ing をつけて「〜すること」を表す遊びのことばがある。この造語法自体は先の 3 種と違い、現代でもよく使われている。

古くは「ウンチング」がある。これはうんちすること、大便すること。戦前の旧制高等学校の学生語。この語は珍しく現代でも使われており、原田宗典『東京困惑日記』理由なく反抗（1991 年）に「人呼んで"ウンコ座り"。そう、駅前などにタムロする不良たちが必ずやっている、あの必殺ウンチングスタイルである」とある。

「ギョッ」という流行語の感嘆詞から来たものに「ギョッティング」があり、驚いたときやあきれたときに発することば。1950 年代前半の大学生が使った。『週刊朝日』（1952 年 4 月 13 日号）に「ひところ、俄然、全国を風靡した「ギョッ」は、今も「トンデモハップン」「ネバー好き」などの"自由学校"用語と同様、使われてはいる。（略）すでに、東都の学生たちは「ギョッ」を使わず「ギョッティングね」「そりやキョウイ（驚異）」などの感嘆詞を発している。」とある。この語は 3 年ほど使われて消えた。

だべることを「ダベリング」と言った。これも学生語だったが、一般に広まった珍しい語だ。なお「だべる」は「駄弁」に活用語尾「る」をつけて動詞にした語。もと、旧制第一高等学校の学生語から全国の学生語に広まったものだ。

「マイティング」（ビラをまくこと）・「スッティング」（ビラを刷ること）は学生運動が盛んだった 1960 年代の学生語。学生運動の終焉と共に消えていった。

1990 年代では「シカッティング」（しかとすること。無視すること）・「ナゲヤ

リング」（なげやりにすること）・「ブラッチング」（ぶらぶらすること）・「ムッシング」（無視すること）があった。そういえば、私の勤務する大学の学生も「補助リング」という語を以前、使っていた。スクールバスの補助いすに座ることで、バスに乗り込んで「なんだ、補助リングか、次のに乗ろう」という風に使っていた。今では消えていった。いずれも若者ことばと呼ばれる生徒・学生のことばである。

◉混成「インハラベビー」

　次に接尾辞でない英語が一部入った英語もどきの語もあったので紹介しておこう。

　「インハラベビー」は英語 in＋腹＋英語 baby で妊娠、妊婦のこと。大正から昭和にかけての女学生のことばは人に関すること（人の性格・容姿・恋愛など）を隠語にして言い換えて表すことが非常に多くあった。『少女画報』（1928 年 10 月号）に「現代東京女学校新流行語集」を掲載し、東京の女学校に流行している 600 語余りを解説している。その中に「インハラベビー　お腹の大きな人。最近成女高等女学校から出て各女学校に流行してゐる。」と出ている。いかにも女学生らしく、英語と日本語のチャンポンの遊びのことばだ。壹岐（いき）はる子『エロ・エロ東京娘百景』女学生隠語辞典（1930 年、誠文堂）にも「イン、ハラ、ベビー……妊娠」とある。この流行語は当時の流行語辞典にも掲載され、『昭和 7 年毎日年鑑附録』の『現代術語辞典』（1931 年）に「インハラベビー　子供を孕むこと（女学生間の通語）」と掲載している。戦後も使われたが、現在の国語辞典には掲載されておらず、消えていった。

インハラベビー　　　　　　　　　　　　　　（ぷりも　画）

また、戦後「ラージポンポン」と言ったことがあった。英語 large ＋ポンポンで、大きなお腹、妊娠。これも英語と日本語のチャンポンのことばである。

「もちコース」は「もちろん」の略「もち」＋英語 of course との混淆。もちろんの意。『大阪朝日新聞』(1931 年 12 月 5 日）に「モチ・コース　モチは勿論のモチ、コースは勿論といふ意味の英語のオブ・コース (of course) のコース、「もちろん」を強くいふ場合に用ふ、その組み合せ甚だ念の入つたものであるし構成が巧みとはいへませんが、調子がいいので相当に用ひられてゐます。」と昭和初期の流行語であることがわかる。

戦後も使われ、林二九太『へのへのもへじ』ビックリ昇給・一 (1952 年) に「「つて、じゃあ、御機嫌がいいのかい？」「モチ・コース。彼氏、さっき二号夫人に電話してたところによると、お昼の汽車で、彼女氏と熱海へ週末旅行らしいですからね。御機嫌の悪かろう筈がありませんよ、ウフゝ」と、「もちコース」を言ったのは 15 歳の少年。まともな人が使っていないが、20 年以上は使われたことになる。現代の国語辞典には「もちコース」は掲載されていない。

「とんでもハップン」「ネバー好き」は獅子文六が『朝日新聞』に連載した小説『自由学校』(1950 年 5 〜 12 月）から全国に広まった流行語。前者はとんでもないの意で、「とんでもない」は英訳すると never happen なので、「とんでもない」と英語 happen「ハップン」の混淆語「とんでもハップン」という学生語ができあがった。「ネバー好き」は「英語 never ＋好き」だから全体としては決して好きではない、大嫌いということ。戦後のアプレ（無責任な若者）のことばとして群を抜く奇抜なことばである。数年間使用された。

では、その個所を引用しておこう。若い男女の会話だ。

「飛んでも、ハップン！　いけませんよ、ユリーにチャージさせるなんて……」

「それが、きらい！　そんな、ヘンな形式主義、ネバー・好きッ！」

（略）

サァ、わからない。

駒子には、彼等のモメゴトの正体もわからないが、それよりも、二人の使用する言語が、まったく理解できないのである。英語ならば、相当むつかしいイディオムでも、知っているつもりだが、彼等の口にしているのはまったく、従来の慣用法と異るらしい。一体、それはどこの国の言語だろうか。新時代

の日本語が生れたのだろうか。とにかく、駒子は、まるで意味が通じないので、途方に暮れた。

駒子は30歳前後の結婚している女性だが、彼女にはアプレの若い男女のことば「とんでもハップン」と「ネバー好き」がまったくわからない。これを読んだ読者も「新時代の日本語」と衝撃的だったろう。同様のことが木村荘八『東京今昔帖』七日言（1953年）に「とかく外国語は日本へ渡つて少しなじむとその時代々々の活溌な『新日本語』となるが、近くはアルバイト、トンデモハップンなど。」とある。

1980年代から1990年代に「アウトオブ眼中」という若者ことばが使われた。「英語 out of ＋眼中」で、眼中にない意。この種の遊びのことばは飽きれば消えていく。

ま　と　め

「外国語もどき」が消えていった理由は二つある。

①外国語が未知の、あこがれの言語ではなくなったから。

②学生たちによる遊びの造語だから。

第2章

「テクシー」
── もじりが消えたワケ

　ことば遊びには外国語もどきの他に「もじり」がある。ここで言う「もじり」は日本語にしろ外国語にしろ、すでに存在する語の一部を関連する類音または同音で別の語に変えたものを指す。これはことばの娯楽機能の一つで、外国語もどきよりも機知に富んだ笑いがある。俗語にはもじりによってできた語が少なくないのは笑いの娯楽要素を担っているからと言える。

　もじりの具体例に長嶋茂雄が読売巨人軍監督時代に関係者から言われた「カンピューター」がある。「コンピューター」のもじりで、同監督が物事を「勘」で決定し進めることで、「カンピューターが狂った」などと使われた。

　以下に時代を追って消えていったもじりの俗語の例をいくつか見てみよう。

2.1　たけのこ──江戸時代の例

　古くは江戸時代に「たけのこ（医者）」「おもくろい」がある。

　「たけのこ（医者）」は「藪医者」のもじりで、「藪」になる前の「たけのこ」だから、藪医者よりもさらに下手な未熟な若い医者を指す。アメリカのジョークにこんなものがある。若い医者が患者を神妙な顔で診察して言った。

> 「特に悪いところはありません。あなたに必要なのはもっと戸外に出ることでしょう。毎日、2、3キロ散歩しなさい。ところで、あなたのご商売は？」
> 「私は郵便配達をやっています」（『ポケット・ジョーク⑪医者と患者』角川文庫参照）。

　まさに藪医者だ。

　医者は昔から尊敬と批判の両方を受ける対象であるが、「たけのこ」は批判精神と笑いを含んだおもしろい語である。この語は昭和初期の辞典にも掲載されて

いた。現代、藪医者よりひどい医者は確かにいるのに「あの野郎はたけのこ（医者）だ」などとはもう言わないと思っていたが、『三省堂国語辞典 第7版』（2014年）には見出しに立てられており、「やぶ医者にもならない、へたな（若い）医者」とあるではないか。

「おもしろい」のもじりに「おもくろい」があった。「しろい」の代わりに「くろい」に言い換えて言った語で、おもしろい意味のほか、その反対の意味も表した。江戸時代の職人・通人のことばという。『東海道中膝栗毛』初編・発語（1802～1809年）に「こいつおもくろいと、かのげたをはきて湯の中へはいり」とある。大正時代の『東京語辞典』（1917年、新潮社）に「おもくろし（面黒） 面白しと云ふことの諧謔語。「こいつは──いぞ」。」とあり、小生夢坊『尖端をゆくもの』歌川八重子に絡る話（1930年）に「天から与へられし自己の美貌に肉感的なる魅力とを応用し、以て栄達あそばした八重子の君であるとは、面白し面黒しであるが」とあり、『社会ユーモア・モダン語辞典』（1932年）にもあるが、現在ではときたま駄洒落として聞く程度である。『新明解国語辞典 第7版』（2012年）に見出しがあり、「〔「おもしろい」のもじり〕「おもしろい、おもしろくない」意の近世の口頭語。」とある。他の小型国語辞典には掲載されていないであろう。

2.2 金欠──明治時代の例

明治時代の例に「金欠（病）」「ゼニトルマン」「蛮カラ」がある。

「金欠」は「貧血」のもじりで、『滑稽界』第1号（1907年）に「疳癪病は重に金欠病から系統を引いて居ます」と「金欠病」とある。『ヨシモト』第2巻第9号（1936年）に「なあに、からだじやねえんで、懐工合の方がどうもよくねえんで、つまり金欠病が今日明日も危いつて重態なんでさあ。」とあり、小島信夫『汽車の中』3（1948年）に「話は食糧困窮、金欠病のことに堕落して」とある。現代では「金欠」と言う。

「ゼニトルマン」は「ゼントルマン」のもじりであり、外国語もどきでもある。「銭取るマン」ということで、金儲け主義の人。「拝金主義者」とも言われた。そういう人を皮肉って言ったことば。明治から昭和戦前までは使われていたが、今では消えていった。天愚道人『滑稽天狗演説』流行紳士の説（1888年）に「紳士と申す一種の名称は諸君も先刻御承知の通り洋語では「セントルメン」と申し商売社会では「銭取る面」と申し」、『社会ユーモア・モダン語辞典』（1932年）

に「ゼニトルマン　紳士顔をして慾張る人。」とある。さらに「ゼニトルマン」のもじりが「ゼニトラレマン」で、紳士顔をしているためにチップを多く取られる人のこと。同辞典に出ている。

「蛮カラ」は当時最大の流行語「ハイカラ」のもじりで、旧制高等学校の学生のような汚い身なりをして粗野なさま、また言動をすること。さらに、国粋的、保守的、壮士的な人、またそのさまを指して言う。『文芸倶楽部』（1904年2月号）に「ハイカラに対して国粋的、保守的、壮士的の人を蛮カラといひ」とある。「ハイカラ」は明治後期に流行語になり、その後、一般語になった。一方、「蛮カラ」は流行語にはならなかったが、1960年頃まではよく使われていた。しかし、今ではたまに耳にする程度だ。旧制高等学校が廃止されてそのような身なりの人がいなくなったことが消えていった理由である。『三省堂国語辞典　第7版』（2014年）は「古風」と書いている。

2.3　テクシー──大正時代の例

大正時代になると、「アルトクラシイイ」「デモクラシイイ」「ナイフ」「成貧（なりひん）」「万鳥足（まんどりあし）」「テクシー」の例がある。

「アルトクラシイイ」は「アリストクラシー」（貴族主義）のもじりで、お金があると暮らし良いの意。『大増補改版　新らしい言葉の字引』（1925年、実業之日本社）に「あるとくらしいい主義　アリストクラシー（其項参照）をもじつて、「金があると暮らしいい」などいふ。」とある。これも消えていった。

「デモクラシイイ」は「デモクラシー」のもじりで、〜でも暮らしいいの意。「アルトクラシイイ」「デモクラシイイ」ともに1916年以降の大正デモクラシーの時代の産物と言ってよい。大正時代は政治・社会と関係深い語が流行した。その一つが「デモクラシー」と、その訳語「民本主義」「民主主義」である。生方敏郎『明治大正見聞史』大正十年歳晩記（1926年、春秋社）に「猫も杓子もデモクラシー、猫も杓子も社会奉仕を絶叫するやうに成つた。」と書かれた時代で、「デモクラ屋」と呼ばれる政治運動屋も出てきた。しかし、昭和に入り消えていった。

「ナイフ」は「ワイフ」のもじりで、ワイフのない人、つまり独身男性のこと。女学生の隠語だ。昭和なら「チョンガー」と言った。「ナイフ」は小刀の「ナイフ」と同音であるから定着しなかった。

「成貧（なりひん）」は「成金（なりきん）」のもじりで、物価騰貴で生活が急に苦しくなること。また

その人。1918年に米の買い占めが起き、米価が大暴騰した。富山県で主婦を中心に起きた米騒動は全国に広まった。生活困難者があふれた時代にできたことばである。『訂正増補 新らしい言葉の字引』（1919年）に「成貧 『成金』から工夫された新語。物価騰貴の影響により、一定の収入では段々と生活困難になる中産階級の人々にいふ。」とある。戦前の相場師風俗を描いた獅子文六『大番』めでたい春（1956～1958年）に「戦後は、株の取引きも、制度が変って、投機性を減少したが、それ以前は、成金と成貧の製造所は、カブト町だった。」とある。音も「キン」に対して「ヒン」でうまく合っているし、意味も逆で笑えるのだが、「成貧」は聞かない。

「万鳥足」は「千鳥足」のもじりで、千鳥足よりもひどい酔いかたで歩くこと。『大増補改版 新らしい言葉の字引』（1925年）にある。「千」よりも「万」が上だからというしゃれだが、受けなかったようだ。

これら5語に比べ、「テクシー」は今でも時々高齢者の口から出てくる。「タクシー」のもじりで徒歩のこと。タクシーに乗らずにテクテク歩くから。『訂正増補 新らしい言葉の字引』（1919年）にあり、『現代世相漫画』（1928年、中央美術社）に「此れから先の行路はテクシーだよ」とある。しかし、今の若い人には通じない。

2.4 エロエロ──昭和初期の例

昭和初期になると、多くのもじりのことばが造られた。エログロナンセンスの時代と言われ、ことばの遊びも盛んだった。その中からいくつかをあげておこう。

「エロエロ」は「いろいろ」のもじりで、卑猥でいやらしいこと。川端康成『浅草紅団』51（1929～1930年）に「日本館が『エロエロ舞踏団』とうまい名をつけると、松竹座までが『ダンス・エロ』と墨黒々だ。どこもかしこも看板に、『エロ』」とあり、「エロ」が流行語の時代に造られたのだった。「いろいろ」と発音が似ているため紛らわしく定着しなかった。現代では「エロエロマンガ」ということばが残っている。

「エロっぽい」は「いろっぽい」のもじりで、卑猥でいやらしい感じ。性的興奮を与えるさま。

「ドテシャン」は「トテシャン」（とてもシャン、とても美人）のもじりで、顔を見たらどてと倒れるくらい不細工な女性ということ。笑いを伴うことばだった

（ぷりも 画）　　シャン

が、「シャン」自体が消えていったので、「ドテシャン」も消えた。「トテシャン」
は大正から昭和にかけてよく使われた旧制高等学校の学生語のひとつで、「シャ
ン」はドイツ語シェーン（美しい）の変化した形。昭和初期、「シャン」が学生
語から一般語に入ってきた時代で、流行語でもあったので「ドテシャン」が造ら
れた。ちなみに「トテシャン」「ドテシャン」以外に「シャン」から派生した語
をあげると「イットシャン」（性的魅力のある女性）・「ウンシャン」（不美人）・「エ
ロシャン」（お色気美人）・「お化粧シャン」（お化粧してやっと見られる女性）・「ク
ララシャン」（女優クララ・ボウのような美人）・「ゲンシャン」（近づいて見ると
幻滅させる美人）・「スコシャン」（すこぶる美人）・「スタシャン」（スタイルの良
い美人）・「ツンシャン」（美人芸者）・「デコシャン」（化粧美人）・「トイメンシャ
ン」（絶世の美女）・「とおシャン」（遠くから見ると美人）・「トラシャン」（「とお
シャン」に同じ）・「肉シャン」（顔は悪いが体はいい女性）・「バックシャン」（後
ろ姿が美しい女性）・「横シャン」（横顔美人）・「ロングシャン」（「とおシャン」
に同じ）などがある。こんなに多くの語が造られたのに今では「バックシャン」
が残っている程度。『三省堂国語辞典　第7版』（2014年）に「シャン」の見出
しが立てられており、「古風」と注記され、「バックシャン」が例にあげられてい
る。

　昭和初期、「～ガール」が流行した時代で、「モダンガール」から始まってさま
ざまな「職業婦人」（職業婦人と言っても架空のものも含まれていた）を「ガール」
と呼んだ（詳しくは第4章を参照）。女性が社会に出て職業につくという「近代
女性の解放」という時代背景のもと「ガール全盛時代」を迎えた。また、アメリ
カ映画が日本に入ってきて女性の美を知るようになり、「～ガール」は150語以

上造られたが、世相語の運命か、すべて過去のことばとなった。その「モダンガール」のもじりに「モダンガエル」があった。トノサマガエルのように尻の大きい女性をからかって言ったもの。もちろん、昭和初期のことばである。「モダンガール」が消えていけば、「モダンガエル」も消えていく。

　「オールドオス」は「オールドミス」のもじりで、独身の年がいった男性のこと。「チョンガー」という朝鮮語がすでに入っていたので、わざわざ「オールドオス」と言い直すことはなかった。

　「骨体美（こったいび）」は「肉体美」のもじりで、骨ばかりのやせている女性。『モダン語漫画辞典』（1931 年）に「骨体美（こつたいび）「肉体美」といふ言葉に対抗して出来たもの。着物を着てゐる後姿を見ると、いかにもアトラクティヴだが、骨が邪魔になつて、是以上は痩せられませんといふ人のことだ。」とあるから昭和初期にはあった。アメリカ映画の流行で西洋女性の肉体美に目が行き、「肉体美人」・「肉体シャン」・「イット」（女優クララ・ボウ主演のアメリカ映画『イット』から、性的魅力）・「イットガール」「イットシャン」などのことばが造られた時代でもあった。

　「木筋コンクリート（もっきん）」は「鉄筋コンクリート」のもじりで、木造のこと。井伏鱒二『集金旅行』（1935 年）に「黄色い壁の木筋コンクリートの建物で」と使われている。現代では「借金コンクリート」という借金して建てた鉄筋コンクリートの建物をふざけて言うことがある。

2.5　カストリゲンチャ──終戦後の例

　1945 年 8 月 15 日の終戦から 1960 年代までのもじりを見ると、当時の世相を表す語が多い。また、大学生の造語と思われる例が多い。

　「カストリゲンチャ」は「インテリゲンチャ」のもじりで、粗悪な密造酒カストリ焼酎を飲んで談論風発するインテリゲンチャのこと。戦後混乱の闇市で出回ったカストリで目がつぶれることがあったほどだ。ちなみに「カストリ雑誌」はエログロを売り物とする低俗雑誌のこと。カストリは 3 合飲むとつぶれるから、3 号でつぶれる雑誌ということ。戦後のすぐの流行であった。

　「パングリッシュ」は「イングリッシュ」のもじりで、戦後、日本に駐留したアメリカ兵を相手にした日本人売春婦パンパンの片言英語のこと。奥野信太郎『随筆東京』ことばは生きてゐる（1951 年、東和社）に「ここに一つ不思議になか

なか一般語化されない特種社会の通語がある。それは当今パングリッシュと称せられてゐるところの、パンパン嬢の通語である。」とある。「カストリゲンチャ」も「パングリッシュ」も戦後風俗を表した当時のことばであり、マスコミにもしばしば取り上げられた。しかし、日本が占領国から独立をし、戦後の混乱から復興が進むとともに完全に消えていった。

1946 年 3 月、イギリスのチャーチル首相が反ソ演説で使ったことば「鉄のカーテン」（iron curtain）が日本では 1948 年に流行語になった。これをもじって「竹のカーテン」は中国または皇室を、「菊のカーテン」は皇室を指した。『VAN』第 3 巻第 16 号（1948 年）に「日本の天皇にだけはカブトをぬいで「かれは竹のカーテンのかなたにいる」とインタヴューを諦めてしまつた。」「何しろ “鉄のカーテン” は “竹のカーテン” より手ごわいから無理もない」と使われている。「鉄のカーテン」は米ソの冷戦時代のことを表すことばであったが、徐々に使われなくなるとともに「竹のカーテン」「菊のカーテン」も使われなくなり、消えていった。なお、『岩波国語辞典　第 7 版』（2009 年）に「鉄のカーテン」の項があり、「情勢の変化で一九九〇年ごろ消滅。「竹のカーテン」「菊のカーテン」など、これのもじり」とある。

「社用族」は「斜陽族」のもじりで、社用と称して会社の接待費を使って役得する人たち。「社用族」は 1951 年からよく使われていた。『朝日新聞』の「天声人語」を担当していた荒垣秀雄の造語。もとになった「斜陽族」は戦後、華族令が廃止されて没落した華族を描いた太宰治の『斜陽』（1947 年）から出たことばで、没落した旧上流階級を指す流行語。「社用族」は「斜陽族」と同音だが表記が違うため、また社会性があるために生き残ったと考えられる。荒垣秀雄編『現代用語辞典』（1956 年、河出新書）の「斜陽族」の項に「「斜陽族」は古い言葉になったが、「斜陽族」をもじった「社用族」は、いぜんとして横行しているようである。」と書いてある。「社用族」は『三省堂国語辞典　第 7 版』（2014 年）には見出しが立てられており、消えずに生き残った珍しい例だ。

「ヨルバイト」は「アルバイト」のもじりで、夜のアルバイト。大学生がバンドマンやダンサーや女給などのアルバイトを指して言った。『真相実話』（1949 年 9 月号）に「女学生の桃色ヨルバイト」とある。「アルバイト」は戦前から学生用語で家庭教師などを指していたが、戦後、学生の堕落が非難され、そのひとつが「ヨルバイト」だった。しかし、学生が夜、アルバイトをすることが特殊な

ことでなくなったとき、この語は消えていった。

その他、大学生の造語と思われるもじりの語に「メトバス」（ドイツ語 Etwas エトバスのもじりで、女性の性器）・「バッチェン」（ドイツ語 Mädchen メッチェンのもじりで、おばあさん）・「メスタルジア」（ノスタルジアのもじりで、女性を恋い慕うこと）・「フラレタリア」（プロレタリアのもじりで、女性にふられてばかりのもてない男性）などがある。

2.6　ナイン—— 1970年代以降の例

1970年代になると大学生の数が増え、特に1970年代後半から高度経済成長の恩恵を受けた若者たちが消費と娯楽に向かっていった。そこで、ことばは遊びの対象になり、もじりをはじめとする若者ことばが大量に造られた。

人に関する語に次のような例がある。

「アララー」は「アムラー」（歌手の安室奈美恵のかっこうをまねた女性）のもじりで、見た目にアムラーにまったくなっていない女性。1990年代後半に若者が使用。

「オジタリアン」は「オバタリアン」（羞恥心がなく、自分勝手な中年女性）のもじりで、いかにも中年男性というような人。1980年代末から1990年代にかけて使用。

「オバンチュール」は「アバンチュール」（冒険的な恋愛）のもじりで、中年女性の恋。1990年代の若者ことば。

「可取り専攻」は「蚊取り線香」のもじりで、成績評価の可ばかり取っている学生。1980年代の若者ことば。

「可山優三」は「加山雄三」のもじりで、大学の成績で可が山ほどあり、優が三つしかない学生。1970年代の若者ことば。現代の学生には私たちの世代ではあこがれのスター加山雄三という人名は通じない。

「キムタコ」は「キムタク」のもじりで、キムタクすなわち木村拓哉をまねたが不細工な男性。1990年代の若者ことば。

「こやじ」は「おやじ」のもじりで、若いのにオヤジみたいな奴。

「残業廃棄物」は「産業廃棄物」のもじりで、残業ばかりでぼろぼろになった会社人間の父親。1980年代から1990年代に使用。

「天然危険物」は「天然記念物」のもじりで、何をしでかすかわからない危な

い人。1990 年代の若者ことば。

「出たきり老人」は「寝たきり老人」のもじりで、出たきり帰って来ない老人。

「ハマチっ子」は「ブリッ子」のもじりで、ブリッ子よりも若い女の子。ブリは出生魚で、ワカシ→ハマチ→ワラサ→ブリと呼び名が変わる。1980 年代前半の若者ことば。

「ホモだち」は「ともだち」のもじりで、ホモの友だち。

「ヤンババ」は「ヤンママ」（ヤングのママ）のもじりで、若くして孫を持つ女性。1990 年代の若者ことば。

「ワンレンブス」は「ワンレングス」のもじりで、ワンレングス（女性のヘアスタイルの一種）が似合わない不美人。1980 年代末の若者ことば。

次に人の体に関するもじりに次のようなことばがあった。

「コイン」は「ボイン」のもじりで、女性の胸が小さいこと。すでに漫談家の月亭可朝の歌「嘆きのボイン」（1969 年）の歌詞に出てくる。

「ナイン」は「ボイン」のもじりで、女性の胸がないこと。昔のことばで言うと「洗濯板」のこと。先の「嘆きのボイン」に出てくる。

「ノンチッチ」は「モンチッチ」のもじりで、女性の胸がないこと、また胸がない女性。

以上のことばは国語辞典には掲載されていないが、拙著『日本俗語大辞典』（2003年、東京堂出版）にはある。近年ほとんど使われなくなってきており、また、この種のもじりも減っており、ウイットに富む造語が少ないのが現状である。若者が造った遊びのことばは一時的なものだった。

しかし、もじりでも今も使われていることばがある。「休肝日」は肝臓病の権威で、新潟大学名誉教授の市田文弘が「休館日」（「休刊日」ではない）をもじって 1975 年頃造った語である。同氏の『肝臓を守る法』（1987 年）に「じつは、この"休肝日"ということは、私が最初に言い出したのですが」とある。もちろん、国語辞典にも立項されている。同音語でも表記が違い、学者が造った社会性のあることばだと消え去ることがないようだ。

その他に「もりさがる」は「もりあがる」のもじりで、『現代用語の基礎知識1980』若者用語に「盛り下がる　調子が出ない」とある。『三省堂国語辞典　第7 版』にも「もりさがる」があり、「ふんいきがすっかりしらける」とあり、ときどき使われる。

　「旧婚」は「新婚」のもじりである。『三省堂国語辞典　第 7 版』にある。1980 年代から使われている。

　「億ション」は「マンション」のもじりである。バブル経済期の 1980 年代に出て来た語で、今も使われている。

　「横めし」は「横文字」のもじりで、西洋料理。また外国人を接待すること。もと海外駐在の商社マンが外国人と食事をとることを言った。メニューが横書きだから。泉麻人『丸の内アフター 5』1 (1987 年) に「俗に外国人とのランチを "ヨコメシ"」とある。『三省堂国語辞典　第 7 版』にある。「縦めし」は日本食、日本人同士の食事のこと。

2.7　もじりのことばが生まれる背景

　もじりは世相を表すことばであることが多い。それは元の語をひねってウイットに富んだ笑いとともに批判精神がある。

　いつの時代にももじりのことばが生まれても良いはずだが、実際は古代よりは近代、近代よりは現代のほうが多く生まれている。それはことばに対する意識・価値・感覚の違いと、時代背景の違いによる。現代ほどことばの意味が軽く、あいまいで、ことばが軽く見られ、軽く扱われ、遊びの対象になった時代はなかった。それゆえ、現代ほどことばが娯楽の手段として会話のノリのために使われた時代は過去になかった。現代社会を「楽社会」と筆者は名付けている。「ラク」と「楽しい」を価値基準に物事を決める社会のことである。ことばもこの例外ではない。ラクに話し、楽しく会話するためにことばは省略し、おもしろくする。もじりはこのような所から大量に造られる。

　しかし、近年はもじり、特に風刺の効いたもじりがない。その背景には保守的な若者、政治にまったく関心を示さない若者、自己が傷つかないように関わりや面倒を避ける若者などが増え、批判精神の欠如があると思われる。

ま　と　め

　「もじり」が消えていった理由は二つある。

　①その当時の世相を表すことばだから。

　②ただのふざけた遊びのことばだから。

第3章

「江川る」
——「る」ことばが消えたワケ

　動詞を派生させるために活用語尾「る」をつけた語を「る」ことばと呼ぶことにする。これは非常に便利な造語法で、「る」をつけるだけで動詞になり、しかも何にでもつく。その中でも人名につく例は俗語中の俗語と言える。1979年の流行語に「江川る」があったのを覚えているだろうか。法政大学出身の江川卓がプロ野球ドラフト会議でいったん阪神に入団して、空白の一日を利用してトレードで巨人に入団した事件があった。江川は自分勝手な奴と非難され、「江川る」は江川のようにだだをこねる、ごり押しする、人を犠牲にしても平気でいる意味で使われた。「江川る」は『現代用語の基礎知識』1980年版（1979年末発行）と1981年版（1980年末発行）の若者用語に掲載されたが、今では消えていった死語だ。

　このほか、「る」はさまざまなことばにつく。以下に例を挙げながら見てみよう。

3.1　江戸時代の「る」ことば

　「る」をつけるだけで動詞ができるとはなんと重宝なことばだろう。人名の「る」ことばを見る前に、江戸時代の「る」ことばをざっと見ておこう。「る」ことばは江戸時代の洒落本に多く出てくる。

　「いたこる」は潮来節を歌う。明和年間（1764〜1772年）に江戸で流行した潮来町（現在茨城県）で起こった俗謡。「いたる」とも。

　「うすげる」は薄化粧する。

　「曲る」はおかしく言う。いろいろ曲芸をする。からかう。

　「くぜる」は「口舌」を動詞化。よくしゃべる。言い争いをする。

　「けんびる」は「剣菱」を動詞化。酒の銘柄剣菱を飲む。剣菱は江戸時代もっ

とも賞味された酒。

「じぐる」は「地口」を動詞化。地口を言う。

「所作る」は所作事（舞踏）をする。踊る。

「底る」は潮が引いて海底が現れる。干潟になる。

「退治る」は退治する。洒落本や滑稽本に多く出てくる語である。

「たんだえる」は「探題」の動詞化。さぐりたずねる。吟味する。

「茶づる」は「茶漬」の動詞化。お茶漬けする。

「ちょきる」は「猪牙」の動詞化。猪牙船に乗る。

「痴話る」は男女がむつごとを言う。いちゃつく。

「道化る」は「道化」の動詞化。ふざける。

「にゃける」は「にやけ（若気）」の動詞化。男が女のように色っぽい様子や姿をする。うわついている。「にゃける」は明治時代以降には「にやける」と言った。

「馬鹿化る」は「ばかげ」の動詞化。ばかげたことをする。

「変化る」は変化する。

「野次る」はヤジを飛ばす。

　現代、「うすげる」を活用して「あの子、うすげっている」とか「茶づる」を活用して「茶づろうか」とか言えば、何を言っているのと怪しがられるに決まっている。

　では、なぜこのような俗語が消えていったのかを考える前に、なぜ造られたのかを考えてみよう。江戸時代というのは出版文化が盛んになり、文学作品をはじめ、随筆や雑書が数多く出版された時代であり、また、「近世は各社会層の差異がいちじるしく、また職業も分化し、それぞれの集団社会での特有の言い方がおこなわれるようになる。いわゆる位相語の発達がみられる。遊里語・通語、また芝居関係者の用語があり、商家・職人なども仲間うちの言葉として隠語を用い、符牒のように使ったものも多い。言語遊戯としての地口も流行し、いろいろと言語の面における工夫の可能性が最大限に試みられ展開された時代といってよい。」（鈴木丹士郎「近世語彙の概説」『講座日本語の語彙5　近世の語彙』明治書院、1982年）。そういうわけで江戸時代は明治以前では一番多く俗語がいろいろ生まれた時代であったと言え、各位相の語が盛んに造られたのだった。その精神や造語法などが現代に受け継がれている。

　中でも洒落本や滑稽本に俗語がよく使われていた。洒落本というのは18世紀

中頃から 19 世紀前半にかけて、はじめは上方、後には江戸を中心に出版された遊里小説（遊廓を舞台にした小説）で、会話を主とし、できるだけ写実的に描こうとした遊戯的な文学である。その代表的作家が山東 京 伝である。滑稽本というのは前期と後期に分けられ、前期は 18 世紀後半（1770 年代〜 1780 年代）に滑稽に教訓や風刺を織り交ぜた小説で、風来山人（平賀源内）の『根無草』が有名である。後期は 19 世紀はじめから明治初期にかけて教訓や風刺よりも洒落や地口（成句の全要素を似た発音のことばに置き換えたことば遊び。だじゃれ）を盛り込んだ滑稽を描いた小説で、十返舎一九『東海道中膝栗毛』、式亭三馬『浮世風呂』『浮世床』が有名である。

　上記の語の中で今でも使っているのは「にゃける」の変化した「にやける」「馬鹿げる」「野次る」くらいだろう。「道化る」は「おどける」の形で使われている。「退治る」は昭和 30 年代までは使われていたが、今では消えていった。『新明解国語辞典　第 7 版』(2012 年) には見出しがあり、「「退治する」のやや古風な表現」、『三省堂国語辞典　第 7 版』（2014 年）には「古風」とある。

　「 曲 る」は方言では使われているが、共通語では消えた。これについて 1869 年生まれの馬場孤 蝶 は『明治の東京』変り行く東京語（1942 年、中央公論社）に「土佐では、嘲弄的に意地悪く人に言ひかけるのを、きよくるといふ。僕の父母などがその言葉を用ひるのを聞いて、僕は地方語だと思つてゐた。所が、『柳樽』を見ると、『ご立腹などヽ内儀をきよくるなり』といふやうな句のあるのを以て見れば、きよくるが地方語でないことは明かである。」と書いている。地方でも東京でも使われていたが、今では地方のみの使用となった。

　全体としては、ある位相の限られた範囲で使われたことばであったため、一般化しにくかったのが消えていった理由である。

3.2　タクる──外来語につく「る」ことば

　外来語（およびその省略形）にも和語の「る」という動詞化する接尾辞をつけた「る」ことばがある。語形・意味・用法・使用者のいずれの点でも俗語化している。本来の外来語の語感は「良い・かっこいい・優秀・高価・学問的」などプラス評価であるが、「る」ことばになったとたん、俗語になって、「荒い・汚い・幼稚・下品・俗っぽい・くだけた・軽い・ふざけた」などの語感となり、もともと外来語とは思えないほど日本語化してしまう。

　現代の『三省堂国語辞典　第7版』（2014年）に俗語として掲載されている外来語につく「る」ことばは「サボる」「タクる」「ダブる」「デモる」「テンパる」「ネグる」「ネゴる」「ハモる」「パロる」「メモる」の10語。「タクる」とはタクシーに乗ることで、他の国語辞典には掲載されていない。このことばは古く、昭和初期、「円タク」と呼ばれた一円タクシーに乗ることを「タクる」と俗に言った。「タクろうか」と言っても吉田拓郎ではない。

　こういう外来語を使った「る」ことばは古くは明治時代の女学生ことばや男子学生ことばに見られる。

　「エンビる」は英語 envy から妬む意。女学生ことば。小杉天外『魔風恋風』前編・第六・三（1903年）に「必然、貴女を妬る者の為た事なんだわ」とある。

　「バイオる」は英語 violate から犯す意。女学生ことば。小杉天外『魔風恋風』前編・第六・三（1903年）に「犯られたの？」とある。

　「コンパる」はコンパをする。旧制高等学校の学生語。当時のコンパとは寮内の懇親会のこと。みんなでお金を出し合ってお菓子やサツマイモなどを買ってお茶を飲みながら談話する。『冒険世界』（1911年4月15日号）に「一つ皆さんコンパりましよか。煎餅、南京豆、蒸菓子、ポテト、腹の減つたる輩の声々　コンパレツ。コンパレツ。ヨカローヨカロー、ジヤンケンチツチ、ジヤンチツチ」とある。

　「テニる」はテニスをする。旧制第二高等学校の学生語。1901、1902年頃、同校で「テニる」「ピンポる」が流行したことが成田秀三『白線への郷愁─高校今昔物語─』（1954年、黎明書房）に書いてある。

　「ピンポる」はピンポンをする。旧制第二高等学校の学生語。

　「ハイカる」はハイカラぶる。西洋風にふるまう。明治時代最大の流行語「ハイカラ」を動詞化したもので、戦前まで使われた。

　大正時代になると次のような語がある。

　「オペる」は「オペラ」を動詞化して、浅草オペラの女優を追い回す。1917年に浅草オペラが始まり、その女優の熱狂的ファンを「ペラゴロ」と言った。現在の「追っかけ」である。

　「コスメる」は「コスメチック」から、めかす。

　「サボる」は「サボタージュ」から、怠業する。怠ける。「サボタージュ」は1919年に起きた神戸川崎造船所の職工の賃上げ闘争を「怠業」と新聞が報道

したことから知られるようになった。

「デカる」は「デカダン」から、怠ける。遊ぶ。

「デコる」は「デコレーション」から、ベタベタ飾る。

「デモクラチる」は「デモクラシー」から、民主的にする意か。

「ドッペる」はドイツ語 doppeln から、落第する。旧制高等学校の学生語。

昭和初期になると、一気に増え、この5倍の語がある。

「アジる」（アジテーションから扇動する）・「エスる」（エスケープから授業をサボる）・「エロる」（エロチックからエロを発散する）・「ジプる」（ジプシーから野宿する）・「ジャズる」（ジャズから騒ぐ・でたらめな生活をする・ジャズに合わせて踊る）・「ジュネブる」（ジュネーブ会議からくだらぬ会議・相談をする）・「ステクる」（ステッキから散歩する）・「スペクる」（スペキュレーションから投機する）・「ソプラる」（ソプラノで歌う）・「タクる」（タクシーに乗る）・「ダブる」（ダブルから二重になる）・「チップる」（チップほしさのサービスをする）・「ツーモる」（麻雀のツーモから）・「デパる」（デパートに出かける）・「デマる」（デマを飛ばす・扇動する）・「デモる」（デモをする）・「テロる」（暴力行為に出る）・「トーキる」（トーキーから騒々しくする）・「トロットる」（フォックストロットからふらりと歩き回る）・「ニヒる」（ニヒリズムから否定する）・「バーバる」（バーバリズムからめちゃくちゃにがんばる）・「バンプる」（バンパイアから妖婦のようにふるまう）・「ヒスる」（ヒステリーになる）・「ファウる」（ファウルする）・「ブロカる」（ブローカーから仲介報酬を得る）・「ベカる」（ドイツ語 begatung から交接する）・「ペダる」（ペダンチックから物知りぶる）・「ヘビる」（ヘビーから馬力をかける）・「モダる」（現代ぶる）・「モデる」（モデルになる）・「モノポる」（モノポリから独占する）・「リべる」（ドイツ語 Liebe、lieben から愛する）・「ルンぺる」（ドイツ語 Lumpen から浮浪生活をする・失職する）・「ロケる」（ロケーションから遠出の逢い引きをする）

『モダン用語辞典』（1930年）に「たくる　歩くことが「テクル」、デパートに出かけることが「デパル」、ブローカーじみた取引をすることが「ブロカル」、冗らぬことを喋るのが「ダベル」であらば、タクシーに乗ることが「タクル」であっても些も不思議はない。」とあるように、昭和初期には「る」ことばは流行の造語法であった。

このように昭和初期のモダニズムの時代に大量に造られたことにはいくつかの理由があろうが、ここではふたつ理由を指摘しておく。ひとつは大正時代の中等・高等教育の普及・拡大である。学校教育の普及・拡大は大正デモクラシーの風潮と第一次大戦を契機とする経済発展を背景としている。学校教育の普及・拡大は文化の大衆化、西洋主義の受容の拡大、英語やドイツ語などの外国語の知識を持つ層の拡大、インテリ層の拡大などにつながり、外来語を使った「る」ことばの創造・使用・受け入れにつながった。もうひとつは近代化、特に工業化・機械化が人間の内部にもたらした変化、すなわちスピード化によって時間と空間が縮まり社会が複雑化することにより生じる精神の変化である。それはかつてなかった頽廃である。「エログロナンセンス」が流行語となっていたことからもわかる。ばかげたおかしさを求め、その結果、ことばの意味は希薄化し、ことばは娯楽の手段に落ちる。外来語を使った「る」ことばはこのようなところから生まれた。

会話の娯楽の手段としてのことばは消費されることばで使い捨てだった。高等教育が拡大するとともに外国語・外来語に対する扱いは軽くなり、大量生産される一方で、次々に消えていったのだった。

3.3　ジゴマる──人名につく「る」ことば

この章のはじめに書いたように「江川る」のような人名にまで「る」をつけて動詞化することがある。これはその人が有名でないと意味をなさない造語である。この造語法は「江川る」が最初ではなく、戦前からあることはあまり知られていない。

そこで問題。左のことばの意味を右のa〜hから選べ。

ジゴマる	a　居眠りをする
ショーる	b　控えめにする
タゴる	c　皮肉る
ノラる	d　賄賂を取る
ハラケる	e　妻が夫をおどすために家出する
シデハる	f　嘘を言う
ゴンべる	g　悪いいたずらをする
バドる	h　裏切る

正解　「ジゴマる」はg、「ショーる」はc、「タゴる」はa、「ノラる」はe、「ハ

ラケる」は f、「シデハる」は b、「ゴンべる」は d、「バドる」は h。

「ジゴマ」は 1911 年 11 月、浅草の金竜館で封切られ大当たりしたフランスの探偵映画『ジゴマ』から。ジゴマは怪盗の名前。ジゴマをまねた犯罪や子どもの「ジゴマごっこ」などが起きて社会的影響が大きいため、1912 年 10 月 20 日、警視庁はジゴマの上映を禁止した。「ジゴマ」は子どもから大人まで知る「有名人」であった。今東光『悪童』七（1957 年）に「これ等は言わずとも知れる私立の商業学校の不良少年なのである。そうして学校をサボったり、授業時間にエスケープしたりして、湊川の新開地で活動写真小屋に入り浸り、泥棒映画の「ジゴマ」などに熱をわかしているのである。」と出てくる「ジゴマ」である。この「ジゴマ」から派生して悪いいたずらをすることを「ジゴマる」と言った。『ポケット顧問や、此は便利だ』増補訂正版（1915 年、平凡社）に「ジゴマを活用語としてジゴマルとやるに至つた。悪性に悪戯をすることをいふのだ。」とある。

「ショーる」はイギリスの劇作家・批評家バーナード・ショーに由来する。1925 年、ノーベル文学賞を受賞し、1933 年に来日している。

「タゴる」はインドの瞑想詩人タゴールから出たもので、居眠りする意。『新しき用語の泉』（1921 年、博進館）に「タゴる　印度の詩人タゴールの瞑想から出た言葉で、居睡（ママ）りをすることに云ふ。花柳界などで用ひる。」とあり、花柳界のことばであった。タゴールは 1913 年にノーベル文学賞を受賞した。1916 年に初来日し、生涯 5 度来日しており、日本への関心は高かった。

「ノラる」はイプセンの小説『人形の家』の主人公ノラから出た語。『新しき用語の泉』に「ノラる　妻が夫を嚇かすために、家出することを云ふ。イプセン劇『人形の家』の主人公ノラから出た新語。」とある。「日本のノラ」と呼ばれた女性がいた。NHK の朝の連続ドラマでも知られる柳原燁子（号は白蓮）だ。九州の大富豪伊藤伝右衛門との結婚、離婚に見られる激しい生き方が当時の女性としては際だっていた。

「ハラケる」は山本権兵衛内閣の内務大臣原敬（通称はらけい）から、嘘をつく意。『ポケット顧問　や、此は便利だ』増補訂正版（1915 年）に「原敬る　うそをいふことを意味する。又は、づう〳〵しい。大正三年春の議会以来の流行語。」とあるので、1914 年のシーメンス事件による山本権兵衛内閣の総辞職のことか。原敬は 1918 年に総理大臣になった人物。

「シデハる」は幣原喜重郎から出た語で、1930 年、外務大臣を務めた幣原が

ロンドン海軍軍縮条約を締結して「軟弱外交」と軍部から非難されたことから、控えめにする意。『大阪朝日新聞』（1931年9月19日朝刊）に「シデハル　ガンバル（頑張る）に対する言葉、ひかへ目で弱気なこと、いわゆる軟弱外交の「幣原」から来た洒落。」とある。幣原は戦後のすぐの総理大臣。

「ゴンべる」は山本権兵衛から出た語で、1914年のシーメンス事件で、海軍高官が賄賂を受け取り、相次いで逮捕された時の総理大臣が山本権兵衛。『ポケット顧問　や、此は便利だ』増補訂正版に「権兵る　賄賂を取ることを意味する。リヒテル事件以来の流行語。かぢりつくともいふ。」とある。

「バドる」は第二次世界大戦中の1943年、イタリアのムッソリーニの失脚後に首相になったバドリオが三国同盟を破棄、ドイツに宣戦布告し、連合国側と講和を結んだことから、裏切る意。

以上、戦前の人名につく「る」ことばを見たが、文学者か政治家かで、当時良きにつけ悪しきにつけ話題になった人物、時の人から生まれたものばかりだ。世相語の一種とも言える。したがって、話題に上らなくなれば、これらの語も使われなくなり、消えていったのは当然と言える。

なお、戦後では「チャタる」が早い。D・H・ローレンス著、伊藤整訳『チャタレイ夫人の恋人』（1950年）がわいせつ文書容疑で同年摘発され、1957年、最高裁で有罪が確定した「チャタレイ事件」があった。「チャタる」は「チャタレイ」の頭の部分に「る」をつけたもの。『週刊朝日』（1952年5月18日号）に「「チャタレイ事件」以後に生れたのに、「あの人チャタッてばかりいるのよ」というのがある。浮気の代動詞？だが」とあり、浮気する意の学生語だった。

1990年代に「与謝野る」という若者ことばがあった。「与謝野晶子状態」とも言った。与謝野晶子の『みだれ髪』から、髪の毛が乱れていること。

3.4　もっとも強力な造語法

個々の単語は消えていっても、「る」ことばはもっとも強力な造語法で、昔も今も盛んに造られている。和語にも漢語にも外来語にも人名にも何でもつく。省略形にもつく。動詞化するには「する」をつけるのが一般的であるが、「る」だけでも動詞ができる。こんな重宝な語はない。

省略というのはもっとも簡単な造語法であり、略して短くすることは会話のテンポの上で欠くことができない要素である。話すエネルギー節約の語とも言える。

同様に「る」ことばはエネルギー節約の手軽な造語法である。ほとんどが3拍語と短く会話が弾む。

外来語や人名以外の例を挙げると和語についた例に「月並る」「出歯る」がある。「月並る」は月並俳句となっている意。高浜虚子『俳諧師』71（1908年）に「北湖先生は月並といふ言葉を動詞に使つてその上に「お」といふ敬語を加へ「お月並る」とか「お月並た」とか言つて他の事を冷やかされるのが得意である。」とある。「月並る」は他に用例を見出さないので、ごく限られた範囲にしか通用しなかったと思われる。

一方、「出歯る」は明治時代の末から数年間流行語となり、約30年間使われた。1908年3月に起きた「出歯亀事件」の犯人池田亀太郎のあだ名「出歯亀」から、「出歯亀」は色情狂、助平の男を指した。これをもとに「る」ことばの「出歯る」ができた。『東京二六新聞』（1908年6月17日）に「中には怪しかる挙動を為す事を出歯るなどと洒落て動詞に用ゐる者など出来たるが」とある。

漢語についた例に「牛耳る」「漁夫る」は旧制一高の学生が造つたことばである。丘の蛙『一高三高学生生活　寮のさゝやき』中堅会（1916年、磯部甲陽堂）に「まあ、此様云ふ塩梅に一年の時は叱られ牛耳られ通しだ。」、辰野隆『書斎閑談』ルナアルの日記第一巻（1938年、白水社）に「元は一高から出た"牛耳る""漁夫る"などといふ言葉の運命をも、僕は一寸考へて見た。」とある。「牛耳る」は牛耳をとる意、「漁夫る」は漁夫の利を得る意。両語とも漢語「牛耳」「漁夫」をもとに造語された。「牛耳る」は今も使われているが、「漁夫る」は消えていった。

昭和に入ると「小田急る」が造られた。「小田急」は関西人にはなじみがないが、小田原急行鉄道のこと。西條八十作詞・中山晋平作曲の流行歌『東京行進曲』（1929年）の歌詞に「シネマ見ませうか　お茶のみませうか　いつそ小田急で　逃げませうか」とあり、駆け落ちみたいな文句だが、郊外へ出かける意。『モダン語漫画辞典』（1931年）に「小田急る（おだきゅうる）「いつそ、小田急で逃げましよか」と云ふ西條八十氏作の東京行進曲から出た言葉だが。どうかこれはオダキュールと発音して貰ひたい。「あすはオダキュールとするかな」なんて云つたら、「郊外へ出掛けよう」と云ふぐらゐの意味だと、先づ左様に御承知ありたい。」とある。

「しゃみる」という語もある。「社民党」をもとにした「る」ことばである。天の邪鬼の意。『大阪朝日新聞』（1930年4月14日朝刊）に「「シヤミる」―新流

行語の由来─」という記事がある。

　　　無産党方面では最近シヤミるといふ言葉が流行る意味は「天の邪鬼」とい
　　ふことで流行の由来はかうだ、労農党から「合同協議会を開かう」といひ出
　　すと社民党は「いやこつちは大衆党と一緒にやるんだ」とつむぢを曲げ、大
　　衆党が「労農、社民、大衆三党で議会対策共同委員会を作らう」といふと社
　　民党は「おれは修正案通り」とひねくれる、今度は労農党から「各党一致し
　　て対鐘紡闘争委員会を設けやう」と提案すると、社民党はアッサリしない、
　　そこで「コーヒーを飲まう」といへば「僕は紅茶だ」といふやうな態度を評
　　してシヤミるといふのださうな。

と政治から出たことばだった。

　現代でも若者ことばの「マクる」「メシる」「カフェる」「オケる」「やにる」「コ
ピる」「告る」など他の動詞（「行く」「食べる」「乗る」「座る」「なる」「する」
など）を一音で代行する便利な「る」ことばは会話のノリに欠かせない。そこで
『現代用語の基礎知識　2017』の若者ことばを調べると、「オケる」（カラオケする）・
「過疎る」（LINE や Twitter のレスポンスがないこと）・「カフェる」（お茶する）・
「拒否る」（着信拒否する）・「グダる」（ぐだぐだする）・「ゲトる」（ほしいものを
手に入れる）・「告る」（愛を告白する）・「じわる」（じわじわくる）・「ディスる」（軽
蔑する）・「テンパる」（焦る）・「ファボる」（Twitter でツイートをお気に入りに
入れる）・「マミる」（頭から食われて死ぬ。アニメ『魔法少女まどか☆マギカ』
の登場人物巴マミの死に方から）・「リムる」（リムーブから、Twitter でフォロー
していたユーザーのフォローを止める）などが掲載されていた。

（ぷりも　画）

文化庁の「2013 年度国語に関する世論調査」では「る」ことばの使用を調査している。その結果によれば、「サボる」（86.4％）、「事故る」（52.6％）、「パニクる」（49.4％）、「愚痴る」（48.3％）、「告る」（22.3％）、「きょどる」（15.6％）、「タクる」（5.9％）、「ディスる」（5.5％）と、一般化した語（前 4 語）と若者に多い語（後 4 語）との間に使用度に差があった。以前は若者ことばであった前者「サボる」「事故る」「パニクる」「愚痴る」が一般化していることがわかる。これからも「る」ことばは造語されていくであろう。ちなみに『少女画報』（1926 年 4 月号）「現代女学生隠し言葉辞典」と『少女画報』（1928 年 10 月号）「現代東京女学校新流行語集」には「コスメる」（おしゃれする）・「サボる」（怠ける）・「ジャンボる」（庭で遊ぶ）・「デコる」（むやみにおしゃれする）・「ドッペる」（落第する）・「世辞る」（お世辞を言う）・「与太る」（冗談を言う。ふざける）が掲載されている。

業界用語にも「る」ことばがあるが、業務の効率化のために使うことが多い。その一つ、病院業界には次のような英語やドイツ語の省略形に「る」をつける語がある。

「アボる」（ドイツ語 Abort から流産する）・「アポる」（ドイツ語 Apoplexie または英語 apoplexy から脳卒中で死ぬ）・「エデマる」（英語 edema から浮腫がある）・「コアグる」（英語 coagulation から血液が凝固する）・「シュルンぺる」（ドイツ語 schrumpfen から収縮する）・「シュワンゲる」（ドイツ語 schwangern から妊娠する）・「ステる」（ドイツ語 sterben から死ぬ）・「ゼクる」（ドイツ語 Sektion から死体解剖する）・「タキる」（英語 tachycardia から頻脈になる）・「デコンぺる」（英語 decompensation から臓器が正常に機能しなくなる）・「ナルコる」（英語 narcosis から炭酸ガスが血液に蓄積し意識がなくなる）・「ネクる」（英語 necrosis から壊死する）・「ノイる」（ノイローゼになる）・「パフる」（英語 paroxysmal atriol fibrillation の頭文字 PAF から発作性心房細動になる）・「ヒスる」（ヒステリーになる）・「ベニる」（ドイツ語 Benignität から良くなる）・「ヘモる」（英語 hemorrhoids から痔になる）

フライトアテンダントの用語にも「シャワる」（シャワーを浴びる）・「スタンバる」（英語 stand by から空港や自宅で待機する）・「ディレる」（英語 delay から飛行機の発着が遅れる）などがある。

寄席楽屋用語には「じばる」（地囃子を楽屋でつなぎに演奏する）・「すける」（助

演・代演する）などがある。

　旧海軍の士官用語に「エヌる」（のろける。norokeru の頭の n から）・「コリる」（英語 collision から、一人の芸者を複数の男が好きになる）・「ナンバる」（英語 number から、セックスの回数をかせぐ）・「ベキる」（英語 back から、男色をする）・「ベビる」（英語 baby から、出産する）・「ポスる」（軍艦の「われ勢力半減せり」の信号 POS から、セックスする）・「マリる」（英語 marry から、結婚する）などがある。士官はエリートであり、イギリスのジェントルマン教育を受けたため、英語が多く、そこからこのような英語をもとにした「る」ことばが造られたのであった。

3.5　時代背景

　外来語につく「る」ことばは「日本モダニズム」と切っても切れない関係がある。「日本モダニズム」とは 1920 年代はじめ（大正中期）から 1937 年頃（昭和 10 年代はじめ）に日本に現れた近代化現象である。文化的には大正の文化主義（明治期の文明開化思想が強調した物質文明から離れ、精神的価値を重く見る文化の主張）から生まれ、1930 年の雑誌『モダン日本』の創刊から本格的なモダニズムが始まり、「エロ」・「グロ」・「ナンセンス」に特徴付けられる 1930 年代前半に全盛期を迎え、1937 年のダンスホール禁止の頃から衰退した。政治的には吉野作造が民本主義を説き、大正デモクラシー（1918 〜 1921 年）が盛んになった後に生活・風俗に多大な影響を与えた社会現象である。経済的には日本が第一次大戦を契機に経済規模を拡大し、資本主義を飛躍的に発展させ富んだことに伴う現象である。したがって、日本モダニズムは大正デモクラシーと資本主義の発展を背景にしていると言える。

　このモダニズムは社会意識的側面、生活風俗的側面、芸術的側面、思想的側面などがあるが、外来語につく「る」ことばは生活風俗的側面、すなわち生活風俗モダニズムの典型的例である。これについて以下に簡単に述べておく。

　関東大震災以後、アメリカニズムが急速に進み、アメリカ映画や音楽は当時の日本人に多大な影響を与えた。昭和初期に人々はより新奇なものを求め、マスメディアは尖端的な風俗を取り上げ、「モダン」が一大流行語となった。「モダン語」という最新流行語、尖端語の辞典がいくつも出版された。多くは外来語やことばの尖端的な用法であった。言い換えれば、ことばの享楽化、俗語化が一気に進ん

だ時代であった。その典型的な例が外来語につく「る」ことばである。この背景には先述したように、経済発展に伴う学校教育の普及・拡大があり、これは文化の大衆化、西洋主義の受容の拡大、英語をはじめとする外国語の知識を持つ層の拡大、インテリ層の拡大につながる。こうして外来語につく「る」ことばの創造・使用・受け入れにつながった。また、精神・風俗の享楽化は「ナンセンス」の流行に見られるように精神の頽廃であった。ばかげたおもしろさを求めた結果、ことばの意味は希薄化し、ことばは娯楽の手段に落ちる。外来語につく「る」ことばはこのようなところから大量に生まれた。

ま　と　め

「る」ことばは第1章の外国語もどきとは違い、簡単で重宝なゆえに今も新たな語を造られているが、個々の語の大半は消えていった。その理由は三つある。

①江戸時代の「る」ことばのように、ある位相の限られた範囲で使われたことばで、一般化しにくかったため。

②外来語につく「る」ことばのように、会話の娯楽の手段として大量に造られ消費され、使い捨てだったから。

③人名につく「る」ことばのように、話題になった人物から生まれ、話題に上らなくなれば使われなくなるから。

第4章

「エンゲルスガール」
——流行語が消えたワケ

　はじめに述べたように、消えていった日本語の代表は流行語である。その例を挙げる前に、まず流行語の発生の理由から考えてみよう。なぜなら、発生の理由がそのまま消えていく理由にもなるからである。

4.1　流行語の発生の理由

　流行語がどうして発生するのかには四つの理由が考えられる。第一は社会的理由、第二は心理的理由、第三は言語的理由、第四は言語感覚的理由である。以下に順に説明をする。

●社会的理由

　第一は社会的理由で、社会の状況、世相、風俗を言い表すことばがなかったときに、またそれを風刺しようとするときにちょうどぴったりのことばが出ると流行する場合。

　(例) 新しい女・モガ (モダンガール)・モボ (モダンボーイ)・(い) やじゃありませんか・大学は出たけれど・ルンペン・憂鬱・大きいことはいいことだ・猛烈社員・オーモーレツ・しらけ・フィーバー・狭い日本そんなに急いでどこへ行く・バブル

　1929年は不景気で就職難になった年である。1月に失業者1000人余りが横浜市役所を占拠する事件が起き、大卒者の就職難は深刻で、3月で東大卒でも約30%の就職率と低かった。10月にはニューヨーク株式市場が暴落し、世界恐慌が始まった。このような社会状況で「(い) やじゃありませんか」(1929年)・「大学は出たけれど」(1930年)・「ルンペン」(1930年)・「憂鬱」(1931年) が流行

語になった。「（い）やじゃありませんか」は曽我野家五九郎が言い出し、数年間
大流行した。評論家の大宅壮一は「「やぢやありませんか」の時代的考察」（1929
年）を書いているほどである。それによると頽廃的、虚無的傾向の大衆的表現で
ある。そしてそれらは好景気時代の「ナンテマガイインデセウ」と相対立するも
のである。「大学は出たけれど」は1929年9月に封切りされた映画『大学は出た
けれど』（松竹作品、小津安二郎監督）から出た流行語。「ルンペン」はドイツ語
Lumpen（襤褸）から、浮浪者、乞食の意。これが流行した背景には左翼思想の
流行があった。1931年には「ルンペン節」が流行し、「ルンペンインテリ」（浮
浪知識階級）・「ルンペンプロ」（浮浪労働者階級）という語も使われた。「憂鬱」
は歌謡曲「私この頃憂鬱よ」（高橋掬太郎作詞・古賀政男作曲・淡谷のり子歌）
の歌詞から流行した。これらのことばは社会状況にぴったりのことばであったの
で流行した。

　その他、ことがらが頻繁に起こる場合や、それを報じることばは必然的に多く
使用されて流行語になる場合などがある。

（例）月月火水木金金・新人類・二十世紀・ミレニアム

「月月火水木金金」は土日のない日本海軍の猛訓練の代名詞。「新人類」は
1960年代に生まれた若者を指す呼称で、マーケティング用語から広まった。
1986年の新語・流行語大賞の流行語部門で金賞。その授賞式で西武ライオンズ
の清原・工藤・渡辺の3選手が表彰された。「二十世紀」は二十世紀が1900年か
らか1901年からかと話題になり流行語になった。生方敏郎『明治大正見聞史』
明治時代の学生生活・14（1926年）に「二十世紀といふ言葉はその頃殆ど濫用
されたものだが、それはその後十年間くらゐ響のいい言葉として、恰も新知識の
シンボルとして用ゐられた。」とある。これと同様のことが「ミレニアム」にも
起きたのは記憶に新しい。

●心理的理由

　第二は心理的理由で、有名人やタレントが口にするのをまねたい大衆心理や、
人が使っているから自分も使わないと時代遅れになるとか仲間はずれになるとか
いう意識、さらにはそのことばを使えるという優越意識が働いた場合。

（例）エッセン・オンチ・あのね、おっさん、わしゃかなわんよ・ハバハバ・
ナウい・おもてなし

「エッセン」（ドイツ語 Essen または essen から食べる・食事）は戦前の旧制高等学校の学生語の代表のようなことばで、ドイツ語を勉強するエリート男子学生の階層語であった。それを使える優越意識が根底にあり、全国の高等学校の学生が使った。「オンチ」は旧制第一高等学校（一高）の学生語であった。詳細は次章の若者ことばで述べるが、一高特有のことばを使うことで連帯感が生まれるため、彼らの間では流行した。

「あのね、おっさん、わしゃかなわんよ」は 1936 年頃から数年間流行した、喜劇俳優の高瀬実乗のことば。戦争で暗かった気分を明るくしたため、流行した。

「ハバハバ」は戦後、進駐軍がもたらした語で、「急げ急げ」の意。語源はハワイのカナカ語か。恐い進駐軍の人が盛んに使ったので、それを聞いた日本人は小さな子供でも頻用したと言う。次の第三の言語的理由と合わさって流行したのである。

「ナウい」は 1979 年の流行語で、若者ことばであったが、後に大人もまねて使った。1990 年代まではしばしば使われた。保守的な『岩波国語辞典　第 7 版』(2009 年) には掲載されていないが、『三省堂国語辞典　第 7 版』（2014 年）や『明鏡国語辞典　第 2 版』（2010 年）などには掲載されている。

「おもてなし」は 2013 年、東京オリンピック誘致のプレゼンテーションで、アナウンサーの滝川クリステルが 1 音 1 音「お・も・て・な・し」と区切って、身ぶりをつけて言ったために印象的でまねしやすいため流行した。

●言語的理由

第三は言語的理由で、そのことばの持つ語形・意味・用法の奇抜さ、新鮮さや日常会話に使用できる範囲の広さから流行する場合。

（例）金鵄勲章請け合い・がっちり・がんす・だんち・ちゃっかり・何が彼女をそうさせたか・今からでも遅く（は）ない・切らせていただきます・忘れちゃいやよ・なっちょらん・とんでもハップン・かもね・ビミョー・ムカツク・でもそんなの関係ねえ・KY・ワイルドだろぉ・今でしょ

「がんす」は 1892 年 1 月、五代目菊五郎が三遊亭円朝の『塩原多助一代記』を歌舞伎座で上演した際に使った多助の上州弁「がんす」から流行語になった。方言が流行語になったはやい例である。『時事新報』（1892 年 3 月 5 日）に「菊五郎が過日歌舞伎座に塩原多助を扮して野州の地方語を用ひ、何々でガンス、云々

でガンスとの台詞を使ひしより忽ち此のガンスの語が一種の流行と為りて、花柳社会や芸人仲間で近頃頻りにガンス＼〳〵の声聞ゆるのみならず良家の婦女子にても左様でガンスよ抔（など）と言ひ居る者も多しと云ふ」と流行を伝えている。方言「がんす」が東京で珍しく、新鮮に聞こえたのであろう。

「何が彼女をそうさせたか」は 1930 年 2 月に封切りされた映画『何が彼女をそうさせたか』（帝キネ作品、鈴木重吉監督）から流行語になった。これは同名の戯曲（藤森成吉、1927 年）がもとにある。「何が彼女をそうさせたか」の「彼女」以下の部分をいろいろ言い換えて使われた。たとえば「何が彼を神経衰弱にさせたか」「何が彼女をやせさせたか」など。会話に応用が利くため、はやった。

「今からでも遅く（は）ない」は 1936 年 2 月 26 日に起きた 2・26 事件で、反乱軍に帰順を勧告したビラ（29 日）に記されていたことば「今カラデモ遅クナイカラ原隊ヘ帰レ」から流行した。29 日にはラジオでも「今からでも遅くはないから直に抵抗をやめて軍旗の下に復帰する様にせよ」と流した。「今からでも遅く（は）ない」は会話の中でいろんな場面に使えて便利であったために流行したのであった。たとえば、原稿の締め切りに間に合わない人に向かって「今からでも遅くはない」と茶化す。

これと同様なのが 2013 年に流行した「今でしょ」である。「いつやるの？」（もともとは「いつやるか？」）「今でしょ」は会話に応用が利く。「いつ帰るの？」「今でしょ」、「いつ行くの？」「今でしょ」のようにである。

「とんでもハップン」は獅子文六が『朝日新聞』に連載した小説『自由学校』（1950 年 5 ～ 12 月）から全国に広まった流行語。「とんでもない」と英語 happen の混淆語で、とんでもない意。戦後のアプレ（無責任な若者）のことばとして群を抜く奇抜なことばである。数年間使用された。

●言語感覚的理由

第四は言語感覚的理由で、表現の感覚化で、あまり意味のない音を感覚的に発するおもしろさから流行する場合。

（例）ダー・ギョッ・ギョギョ・アジャパー・ウハウハ・シェー・ガチョーン・ニャロメ・フォー・ドドスコ・じぇじぇじぇ

「ダー」は驚いたとき、あきれたときに発する感嘆詞。昭和初期の流行語。「ダーとなる」「ダーと参る」と使われた。

「ギョッ」「ギョギョ」は驚いたとき、あきれたときに発する感嘆詞。1949年4月から始まったNHKラジオ番組「陽気な喫茶店」で内海突破がギャグで言い広めた流行語である。

「アジャパー」は「ギョ」とほぼ同じ意味の感嘆詞。喜劇俳優の伴淳三郎が出身地の山形方言「アジャジャ」（あれまあ）と「パー」（だめ）とを合成した新造語。1951年11月に公開された松竹映画『吃七捕物帖』で使われて全国に流行した。

以上、流行語の発生理由を四つ述べたが、次にもう少し社会的理由で発生した流行語を例を挙げて詳しく見てみたい。

4.2 ～ガール——昭和初期の流行語

この5、6年、「森ガール」「山ガール」「釣りガール」などという「～ガール」がはやっている。「森ガール」とは空想的にいかにも森にいそうなファッションスタイルの若い女性を指す。「山ガール」とはファッショナブルなアウトドア衣料を身に着けて山に登る若い女性のこと。「釣りガール」はファッショナブルな格好で釣りを楽しむ女子。いずれも「エレベーターガール」のような職業を表した「ガール」ではない。現在「～ガール」を調べたところ400を超える流行である。しかし、「ガール」の流行は初めてのことではない。「～ガール」ということば自体は1930年頃に大流行したのだった。そこで、社会的な理由で発生した流行語「～ガール」を取り上げよう。

その当時の「ガール」の代表はなんといっても「モダンガール」である。これは昭和初期のモダニズムを代表することばで、本来は近代思想にめざめた教養ある若い女性のことだが、当時、洋装・断髪・引き眉毛・頬紅・ルージュの若い女性、また軽佻浮薄、享楽的な若い女性を指して使われた。もとは評論家の北沢秀一が本来の意味で欧米のそのような女性を指すことばとして1924年に雑誌『女性』に紹介したが、1926年頃、新居格が日本に出現した洋装・断髪の若い女性をそう命名し、流行して広まったことばである。その後、1927年には「モガ」と略された。

昭和に入ると「職業婦人」が社会に進出して、彼女たちを「～ガール」と呼んだ。「モダンガール」から始まった「～ガール」にはさまざまなものがあった。

森ガール

モダンガール

（植田由香 画）　　　　　　　　　　　　　　　　　　　　（ぷりも 画）

高田義一郎「ガール全盛時代」『婦人画報』（1930 年 2 月 1 日号）にその状況が
よく表されているので引用しておこう。

　　　ステツキ・ガール

　　　ワンサ・ガール

　　　ストリート・ガール

　　　ガソリン・ガール

　　　ボート・ガール

　　　円タク・ガール

　　　マネキン・ガール

　　　エンゲルス・ガール

　　　シヨツプ・ガール

　タイピスト・ガール等、等、等一々数へれば限りない位、街上に、店頭に、
実在的にはた又架空的に、おゝ何とガールの種類の多いことよ！何でもいゝ、
ガールとさへ云へば時代の尖端に立つものとして注目されるかの観があつ
て、正にガール全盛時代といふことが出来るであらう。諸々のガール達が百
花爛漫の春の趣を呈して居るのが、一九三〇年の情景である。

　　ガールの命名が日に〳〵新しく、目まぐるしい程に出来て来る関係から、
以上の中にも奇怪なのや、意味の不明なものなどがある。

　職業以外にも何でも「ガール」と名づけ、「ガール」が合成語の後項要素とし
て盛んに使われた。ただ語が流行したのではない。この背景にはアメリカニズム
があった。特に女性解放と享楽主義と、より新奇なものを求め、マスメディアが
尖端的な風俗を取り上げる傾向とがあった。決して明治時代や大正初期、また戦

時中には出現し得ないのはそのためだ。

　具体的にどんな語があったかは壹岐はる子『エロ・エロ東京娘百景』(1930年)が詳しい。また、『現代新語集成』(1931年)の付録「日米モダンガールエロ〳〵集」に57語の「〜ガール」が挙げられている（『社会百科尖端大辞典』(1932年)も同一）。さらに『モダン語漫画辞典』『現代術語辞典』(1931年)にも多くを見出す。以下にその他の資料からも合わせて50音順に列挙しておこう（155語）。

　アウタガール・青バスガール・アパートガール・アマチョコガール・案内ガール・板張りガール・イットガール・イレズミガール・ウーピーガール・ウォークガール・ウルトラガール・エアガール・エキストラガール・エロガール・エログロガール・エレベーターガール・エンゲルスガール・エンタクガール・オークションガール・オーケーガール・オーライガール・オカチンガール・オシャクガール・オフィスガール・オペチョコガール・カードガール・カウンタガール・ガソリンガール・カフェガール・カルピスガール・キスガール（キッスガール）・喫茶ガール・ギャソリンガール・キャラメルガール・キャンプガール・クッションガール・ゲイシャガール・ゲームガール・コーラスガール・ゴルフガール・サーカスガール・サービスガール・サイレンガール・サインガール・座談会ガール・サンマーガール・シークガール・シックガール・シャボンガール・乗馬ガール・ショップガール・シロネズミガール・水泳ガール・スキーガール・スクールガール・スクリプトガール・スタンドガール・スタンプドガール・ステッキガール・ストリートガール・スピーキングガール・スポイトガール・スポーツガール・スポンジガール・スモークガール・セールズガール・セネットガール・タッチガール・タッチングガール・タバコガール・ダンスガール・チケットガール・チョイトガール・ツルベガール・ディコイガール・碇泊ガール・テケツガール・デパートガール・テレフォンガール・ドアガール・トップガール・ドライブガール・トラムガール・トレインガール・トンボリガール・ナッシングガール・ナンセンスガール・ニュースガール・ノーズロガール・ノズガール・バーガール・バーバガール・ハイスピードガール・博愛ガール・バスガール・バッグガール・パラシュートガール・ビジネスガール・ピストガール・ビラガール・ビリヤードガール・ビルガール・ヒロインガール・ファクトリガール・フーピーガール・フォリーガール・プラットガール・フラワーガール・フレッシュガール・文選ガール・文

筆ガール・ペットガール・ヘローガール・ボートガール・星ガール・ポスタ
ガール・ポストガール・ボックスガール・ホテルガール・ボヘミアンガール・
ホワイトガール・ぽん引きガール・麻雀ガール・捲き線ガール・マチガール・
マツタケガール・マッチガール・マニキュアガール・マネキンガール・マリ
ンガール・丸ビルガール・ミシンガール・ミスターガール・メイルガー
ル・メッセンヂャーガール・モータガール・モスリンガール・モダンガール・
モデルガール・ヤンキーガール・有閑ガール・夕刊ガール・ライブラリガー
ル・ラディカルガール・ランチガール・リップガール・流行ガール・旅行ガー
ル・レストランガール・レスピアガール・列車ガール・レビュウガール・ワ
ンサガール・ワンパスガール

（一）

以上の中には意味不明のものや架空のものも含まれている。

では、次にクイズ形式で出題しよう。左のことばの意味を右のa〜eから選べ。

イットガール	a	共産主義の本を抱えて歩く女性
エンゲルスガール	b	男性のおともをする職業ガール
エンタクガール	c	大部屋女優
ステッキガール	d	性的魅力のある女性
ワンサガール	e	タクシーの助手席に乗って客引きする女性

　正解　「イットガール」はd、「エンゲルスガール」はa、「エンタクガール」
はe、「ステッキガール」はb、「ワンサガール」はc。
　「イットガール」の「イット」は英語itで、アメリカの女優クララ・ボウ主演
映画『イット』から、性的魅力のこと。「イットガール」は性的魅力のある女性。
川端康成『浅草紅団』45（1929〜1930年）に「イット・ガアル裸形の大乱舞」
とあり、『エロ・エロ東京娘百景』（1930年）に「イット・ガール」の項目があり、
「有閑令嬢富美子の武器はイットを発散させることだつた。女性が男性を征服す
るにはこのイット以外適当の武器がないことをよく彼女は知つてゐた。で……そ
れはかるたの勝負を決する場合、形勢不利と見るや、直ちに、彼女は膝をくづす
……白い股がチラリ……チラリ……それでも奏効しないときは、胸をなまめかし
くはだける」と有様を書いている。この映画が大人気であったためにはやったこ
とばだった。
　「エンゲルスガール」は「マルクスボーイ」に対して言う。マルクスやエンゲ

ルスの書物を抱えて歩いたり、共産主義を語ったりする若い女性をあざけって言うことば。『モダン語漫画辞典』(1931年)に

　　エンゲルス・ガール　(略)マルクス・ボーイに対抗して出現した語である。エンゲルスはマルクスと仲良く、殆ど時を同じうして全集を出された社会主義者だから、対抗上、エンゲルス・ガールが出現したつて少しも不思議は無い。しかしエンゲルス・ガールと云ふ言葉には、尊敬の意志なんて爪の垢ほども含まれてはゐないのだから、もしもエンゲルス・ガールと云はれて喜ぶ女が居たら、それこそ物知らずの大馬鹿者だと思つて差支へない。

とある。1928年にマルクス、エンゲルスの全集が出版され、流行のマルクス主義にかぶれた若い男性を「マルクスボーイ」と言ったのに対して、その女性を「エンゲルスガール」と言ったのであった。また高田保は『第3ブラリひょうたん』小町と紫式部(1951年、創元社)に「過去の日本が共産主義に酔つぱらいかけた頃のソヴェートは、マルクス・ボーイ、エンゲルス・ガール、若い年代が滅茶苦茶無批判に傾倒した。」と書いており、軽蔑のニュアンスの語であった。

　「エンタクガール」は「円タクガール」で、1円均一タクシー略して「円タク」の助手席に座って客引きする若い女性だが、売春行為もした。円タクの始まりは1924年、大阪で設立された均一タクシー株式会社で、1925年末には東京にも出現した。客の取り合いから、「円タクガール」が生まれた。

　「ステッキガール」はこれら以上に話題になった。大宅壮一の造語。『モダン用語辞典』(1930年)に「ステツキガール　東京に起つた一九二九年に於ける新造語。銀座に出現して、一定の時間および距離の散歩の相手をする代償として料金を求める若い女の意味である。つまり男のステツキの代りをする女である。」とある。実は架空のガールであった。

　「ワンサガール」はわんさといる大部屋女優。徳川夢声の造語。

　以上いずれも1930年前後の話題になったことばだ。女性が社会に出て、目立つようになり、また時代の先端を行く服装・化粧・言動をしたため、そういう女性をとりたてて「〜ガール」と呼んだ。しかし、これも戦争の突入とともに消えていった。社会が許さなかった。

　「〜ガール」の大量の発生は前章で述べた「る」ことばの時代背景と同様に、昭和初期のモダニズムと密接な関係がある。アメリカニズム、中でもアメリカ映画は女性の風俗や女性の解放に多大な影響を与えた。人々は享楽主義とあいまっ

て尖端的な風俗を好み、マスコミはそれらを取り上げた。そのため明治時代や大正初期、昭和の戦中には出現し得ないのである。

　したがって、1930年前後の「〜ガール」はアメリカニズムとモダニズムによって生まれたと言える。私はアメリカニズム（Americanism）の頭文字Aとモダニズム（modernism）の頭文字Mを取って、「〜ガール」の「AMの時代」と名付ける。

　一方、今はやりの「〜ガール」はどのような人間であるかを表現することに用いられており、「アイデンティティ」を表す役割を担っている。言い換えれば、属するジャンル・集団などを細分化し特化するために命名されたものである。「〜ガール」が「アイデンティティ」を表し、「特化のガール」が生み出される背景には「個性の主張」が自由に許される社会がある。また、個性的ではありたいが、同じ価値観の人間ともつながりたいという仲間を求める「コミュニティ形成」が背景にあると考える。このような現在の「〜ガール」の用いられ方を、「個性の主張＝アイデンティティ（identity）」の「I」と「コミュニティ形成」のコミュニティ（community）の「C」を取って、「ガール」の「ICの時代」と名付けておこう。このICの時代には、近年急速に進むSNS社会が深く関係していると考える。

4.3　飴る——狭い範囲の流行語

　以上の「〜ガール」は昭和初期の大流行のことばであったが、消えていった。まして次に挙げる狭い仲間内の流行語は消えていくのは当然と言える。

　安藤更生『銀座細見』IX カフェの客・文士（1931年）に「彼れ真人、酔へばバネ仕掛のオモチヤみたいに暴れ廻るくせに、事ひとたびお久の事になるとからイクヂ無く、飴をおみやげに買つて来て、ひそかに長岡義夫に頼んで渡したりなんかしたものだ。アメルといふ言葉がそれから一時友達の間に流行した。」と、「る」ことば「飴る」が一部の友人間ではやったことが記されている。もちろん、消えていった。

　川端康成『浅草紅団』35（1930年）に「左娘」という浅草で流行していることばが出てくる。当時はやっていた左翼思想にかぶれた娘という意味。

　「左娘」の流行言葉で、恋愛を論じ、社会を論じる。例へば、

　　『プロレタリアとはなんだ。』

『無産階級の連中が正直に働いてることをいふのだ。』

また、口論の果てに突き合ひをしながら、

『ボクシングです、西洋の喧嘩です。』

ところで諸君、「左娘」とは変ちきりんだが、浅草の新しいはやり言葉らしいのだ「左ぎつちよ」と同じ意味の失敬千万な異名なのだ。紅団の一人が、『弓子のやつこのごろ、左前になつた。』といつたとすれば、彼女が「左傾した」といふ意味のだじやれなのだ。

『春子はあれで、モダン左褄だ。』といつたとすれば、彼女はコロンタイ女史の「赤い恋」かぶれの女だといふ意味のだじやれなのだ。

　コロンタイの翻訳小説『赤い恋』は1927年初版で、『浅草紅団』が書かれた頃には80版を重ねる大ベストセラーのプロレタリア文学であった。こういう「左〜」という社会世相を反映したことばは時代が変われば廃れていく。

4.4　ガチョーン──テレビ時代の流行語

　次に戦後の例を見てみよう。1960年9月に池田首相は国民所得倍増計画を発表し、10年間で国民所得を2倍にすると言った。実際に実質国民所得は約7年で2倍になった。この年は経済的に豊かになっていく高度経済成長のはじめの年であった。1953年にテレビ放送が開始されたが、テレビは高額で、受信契約数は1958年はじめ、約78万に過ぎなかった。しかし、経済的に余裕が出るとともに増え、1961年には1000万台を突破した。ラジオに代わって主役の座についた。また、それまで娯楽の主役であった映画もテレビに取って代わられた。映画館数は1960年がピークで、テレビの普及とともに減り続け、1970年に半減した。

　そこでテレビ番組、CM、テレビタレントから出たことばが流行語となった。その代表が「ガチョーン」である。これは1963年、谷啓がテレビで言ったギャグ。また日本中が注目した東京オリンピックから「ウルトラC」がはやった。「ウルトラC」は体操競技の最高難度Cを超える、「ウルトラC」を日本選手が出したところから出た。

　1959年に週刊の漫画雑誌『週刊少年マガジン』（講談社）、『週刊少年サンデー』（小学館）が創刊され、1968年には『週刊少年ジャンプ』（集英社）が創刊された。1960年代後半になると発行部数が100万部を越えるようになり、読者層も大学生にまで広がった。これらから多くの流行漫画が生まれ、流行語も生まれた。そ

のひとつが「シェー」。「シェー」は 1965 年、赤塚不二夫の漫画『おそ松くん』のイヤミが発することばで手足にポーズがついている。後にテレビアニメにもなり大流行する。「ガチョーン」にしても「シェー」にしても無意味語であるが、遊び心があり、おかしみがあり、はやった。社会的理由と言語感覚的理由から流行したと言える。しかし、これらの流行語もある期間ははやり、使われたが、過去のことばとなった。

4.5　じっとガマンの子であった──オイルショック時代の流行語

　高度経済成長を続けてきた日本であったが、1973 年 10 月に中東戦争（第四次）が勃発し、アラブ諸国が大幅な原油の値上げ、産油制限、輸出制限を行ったため、石油に頼っていた日本経済は大打撃を受けた。物価は上がり、買い占め、買いだめによる物不足が起きた。そのため、「消費は美徳」から「節約は美徳」になり、「省エネルギー」が叫ばれた。

　大塚食品の「ボンカレー」のテレビ CM から生まれた「じっとガマンの子であった」はこの年の流行語である。人気時代劇「子連れ狼」のもじりで、拝一刀をまねた笑福亭仁鶴が「ボンカレー」をほしがる大五郎に扮する子に「大五郎。母が恋しいか。おおそうであった。三分間待つのだぞ」と言った後、ナレーションで「腹が減ってもじっとガマンの子であった」が流れたところから大流行した。狂乱物価、物不足の社会に「じっとガマンの子であった」はぴったり合ったことばであった。重松清『半パン・デイズ』第 7 章・1（1999 年、講談社）に以下の用例がある。当時の雰囲気がよく出ている。

　　始業式で校長先生が発表した三学期の全校目標は、「ものをたいせつにする」
　　だった。トイレットペーパーやノートのむだづかいをやめて、電気はこまめ
　　に消して、石油ストーブはなるべく使わないように。校長先生が最後に「じっ
　　とがまんの子であった」と、ボンカレーの CM のせりふを笑福亭仁鶴の物
　　まねで言うと、一年生や二年生は囃したてるように笑った。

　同年、「狭い日本そんなに急いでどこへ行く」もはやった。高度経済成長期の「モーレツ」に突っ走っていた時代、そんなに急ぐなとたしなめた。また同年「日本沈没」が小説名（小松左京著）から出て流行語になった。サントリーウイスキーのテレビ CM から「いったい日本はどうなるのだろう」もはやった。日本列島の沈没という小説とオイルショックで混乱した世相を代弁している流行語

であった。

4.6　新人類──高度消費娯楽社会の流行語

　1980年代は高度消費娯楽社会となり、若者を中心に消費を謳歌し、またボーダーレス社会となり、価値観が多様化して、なんでもあり、自分さえよければいいという時代になった。社会全体が「軽薄短小」の薄っぺらい文化になった。「軽薄短小」は1983年、『日経流通新聞』が1981年にヒットした商品の特徴を言い表したことばから出た。

　この時代の若者はそれ以前の人とかなり違うとされ「新人類」と命名された。「新人類」は1986年、1960年代に生まれた若者を表す流行語。彼らは自分には忠実で、楽しくないことには興味を示さず、感性に合ったものにはさまざまな媒体を通じて情報を収集するという。元来はマーケティングの用語であった。時代の産物といってよいが、「新人類」は虚構に過ぎないとも言う。

　現在、「軽薄短小」も「新人類」もその時代を言い表す用語、すなわち世相語として用いられ、日常語ではない。

4.7　他者の言語意識との戦い

　流行語は第5章で述べる若者ことば同様、そのことばが使われなくなっても一般人に問題はない。なぜなら、なくてはならない、生活に必要なことばではないからだ。はっきり言ってしまえば「遊び」のことばだからだ。さしさわりがあるのは流行語の作り手、タレント本人たちで、ある者は飯のタネが消えて食いっぱぐれることがあるかもしれない。

　しかし、流行語はただ消えていくのを待つのみだろうか。そうではない。流行語は二つの敵との戦い、すなわち外から来る「敵」との戦いと内に住む「敵」との戦いがある。

　外から来る「敵」とは他者の言語意識で、具体的に言うと「俗語」という言語意識との戦いだ。流行語はほとんどが俗語である。ただし、流行語のうち、硬派の流行語たとえば「臥薪嘗胆（がしんしょうたん）」（1895年から10年間、日清戦争で勝ったものの三国干渉で遼東半島を中国に返還させられた恨みつらみを言い表したことば）・「複雑怪奇」（1939年、ドイツが突然、ソ連と不可侵条約を結んだことを指して言う）・「曲学阿世（きょくがくあせい）」（1950年、吉田茂首相が東大総長南原繁を「曲学阿世の徒」

と呼んだ）などは俗語ではない。

　しかし、流行歌、映画、テレビ、漫画、お笑いタレントやお笑い番組、CMなどが発生源の軟派の流行語は俗語だ。例を挙げよう。もと活動弁士から漫談家・俳優になった徳川夢声が1929年に造語した「彼氏」はその以前にあった「彼女」の2字に合わせて「彼」に「氏」を付けた俗語だ。1958年、俳優石原裕次郎の映画で流行語になった「いかす」、赤塚不二夫の漫画『おそ松くん』のイヤミから出た流行語「シェー」も俗語である。その他、三遊亭円朝の「塩原多助一代記」から上州弁「がんす」が流行語になった。以下、「流行語」は軟派の流行語を指して使う。

　流行語は語感が幼稚・下品・俗っぽい・くだけた・おおげさ・軽い・ふざけた・誤ったなどと意識されるマイナス評価された語（言い回し）なので、一般語が持つ標準的・規範的な語感と正反対の位置にあるため非難の対象になりやすい。「文法がまちがっている」「言い方がおかしい」「意味がさっぱりわからない」「日本語の破壊だ」「馬鹿みたい」などの若者ことば批判、流行語批判は親や文化人などの大人がする。流行語批判は若者ことば批判以上に力がない。なぜなら流行語は多くの人が受け入れて使っているから流行語と言うのだから。

4.8　自己の「飽き」との戦い

　このように外から来る「敵」に流行語は負けはしない。流行語はもうひとつ、内に住む「敵」、すなわち自己の「飽き」との戦いには簡単に負ける。もともとこれらは遊びのことばであるから物のように飽きたら捨てる。新鮮みがなくなったら使わない、インパクトがなくなったら使わない。いや、そもそも捨てることができることばだから捨てる、使わない。使用者が飽きたら流行語は捨てられることばなのである。物がそれしかないなら捨てることはないし、生活に欠かせないなら捨てることはない。大切だと思えば捨てることはない。ことばもそれと同様である。

　例を挙げると、「KY」のように日本語をもとにした頭字語がある。「KY」（空気が読めない）・「AKY」（あえて空気読まない）・「MT」（まさかの展開）・「DD」（大学デビューまたは誰でも大好き）・「JK」（女子高校生）などは臨時的造語であり、会話を楽しむための遊びであったが、それをみんなが知るところとなり、使い古されては会話の楽しみがなくなり、飽きて死語となっていく。この種の遊

びのことばは寿命が短い。

　また、流行語も使用者が飽きたらもう使わない。聞く側も聞き飽きたら相手にしない。「そんなの関係ねえ」「ワイルドだろぉ」など芸人の流行語は長くてせいぜい一年で、多くは数ヶ月の一過性の流行語である。ほとんどが短期間に飽きられて消えていく。

　ところで、これら頭字語はなにも近年生まれた新造語法ではなく、戦前からある。たとえば海軍士官の隠語にはこの種が数多くあった。「MMK」（もててもてて困る）はその代表である。「MMK」はその後、現在に至るまで使用されている頭字語である。戦後の学生ことばにも「MMC」があった。これも「もててもててこまる」の頭字語である。『VAN』第3巻第24号（1948年）に

　　その慶大では今度は、海軍兵学校出身学生のみで組織されたM・M・Cなる団体が問題となり、これは Mita Marien Club という右翼フアツシヨの地下組織と騒がれたが、実はこれが単なる同好享楽クラブで、M・M・Cとは“モテテモテテコマル”のイニシアルをとつたものにすぎぬ事実が判明し、とんだ笑い草になつたもののようである。

とある。『小説公園』（1955年1月号）に女子高生のことばとして「MMK」のほかに「IIC」（会いたくて会いたくてしようがない）、「MMC」（見ったくて見ったくてしようがない）が挙げられており、『朝日新聞』（1962年6月18日、夕刊）に男子大学生のことばとして「MMK」のほかに「MMC」（もてなくてもてなくて困る）が挙げられている。最近では1990年代に女子高校生に「MMK」は「まじムカツク切れる」や「まじムカツク殺す」などと違った意味でも使われた。このように「MMK」は80年ほど前から「もててもてて困る」や「まじムカツク切れる」や「まじムカツク殺す」など意味は違うが使われてきた。消えては現れ、消えては現れの繰り返しである。くだらないと思われる語が消えてなくならないでいる。

ま　と　め

　流行語が死語になるのは四つの理由がある。

　①社会的理由から、流行語になった状況が一般化したりなくなったりするので消えていく。

　②心理的理由からは有名人が口にするのを追従する大衆心理や、人が使ってい

るから自分も使わないと時代遅れになるとか仲間はずれになるとかいう意識が働いて流行語になったが、こういう心理は一時的なので消えていく。

③言語的理由からはそのことばの持つ語形・意味・用法の奇抜さ、新鮮さや日常会話に使用できる範囲の広さから流行したが、使い古せばそれはなくなり飽きるので消えていく。ただし、日常会話に使用できる範囲が広く、応用が利くことから流行語になったものはある程度長く使われる。

④言語感覚的理由から、あまり意味のない音を感覚的に発する流行語はなれればおもしろさを感じなくなるので消えていく。

第5章

「メッチェン」
──若者ことばが消えたワケ

「メッチェン」という語を知っているだろうか。この語はドイツ語 Mädchen で、娘、女の子の意。戦前からある旧制高等学校の代表的な学生語である。「メーチェン」とも言った。『三省堂国語辞典　第7版』(2014年) には見出しに立てられ、古風な学生語という位相が書かれているが、現在では死語に近い。この章では消えていった学生語を中心とする若者ことばを取り上げる。

5.1　若者ことばと時代

「若者ことば」とは10代後半から30歳くらいまでの男女が仲間内で、娯楽・会話促進・連帯・イメージ伝達・隠蔽・緩衝・浄化などのために使う、くだけたことばである。若者語とも言う。若者ことばの一般的特徴は、第一に仲間内のことばであること、第二に娯楽や会話促進などのために使うことばであること、第三にことばの規範からの自由と遊びのことばであること。若者ことばの詳細については拙著『若者語を科学する』(1998年、明治書院)、『現代若者ことば考』(1996年、丸善出版) を参照のこと。

ことばの規範から自由になろうとすることを強めていくと、臨時的な勝手なことばが生まれ、ことばが浮遊化した曖昧なものとなる。また、もう一方でことばの規範から脱しようとするとことばが遊戯化し、仲間内でのみ楽しむという限られた集団のことばが次々と造られる。戦前の緊張した社会と違い、戦後の昭和は社会の平和、娯楽の下で、ことばも緊張したものではなく、娯楽の対象となった。そして21世紀に入った現在はその流れの頂点にあると言える。

ところで、ことばは社会のあり方によって様相を異にし、若者ことばも例外ではない。若者ことばを明治から現代までたどってみると、それは日本の近代化の

産物と言える。近代化とは具体的に、技術的経済的領域、政治的領域、社会的領域、文化的領域の4つの領域の伝統的形態から近代的形態への移行だ。近代化の進展は中でも経済的発展と密接に関係している。経済の発展・成長は第一次産業から第二次・第三次産業へと移行、増大し、職業が多様化し、分化・専門化する。また、経済力は高等教育を支える力であり、高学歴化は外国語に対する抵抗をなくし、より受容する力をつける。さらに経済力は消費・娯楽と結びつく。また、近代化は社会的領域で個人の解放と自由を進める。この解放・自由は思想・生活・習慣・職業・人間関係などばかりではなく、ことばの面にも求められた。特に従来の語形・意味・用法・使用者から自由でありたいという思いから生まれたのが若者ことばである。しかし、明治から現代に至るまで一様にそうであったわけではない。

　若者ことばは青年期心理から言えば、いつの時代にも存在するが、社会的・歴史的背景から言えば、時代によって質が異なる。ここではまず戦前から1990年代までの若者ことばを取り上げる。この時期の若者ことばは大きく三つの時期に分けられる（細かくはさらに分類できるが）。すなわち戦前、戦後1945年〜1970年代前半、1970年代中頃〜1990年代である。以下に社会の状況とからめて若者ことばの特徴を説明しておこう。その際、若者ことばは集団語の観点から言えば学生語と重なるので学生語を取り上げることにする。なお、戦前の学生語については拙著『集団語の研究　上巻』（2009年、東京堂出版）を参照のこと。

5.2　戦前の男子学生語

　旧制高等学校は1894年の高等学校令が公布されて第一〜第四高等学校が開校されて始まった。そこは帝国大学への予備教育校であった。1916年に新たに高等学校令が公布され、従来のナンバースクール以外に公立・私立の形態を認め学校が増えた。以後1948年に新制高等学校が発足し、1950年に旧制高等学校の最後の卒業式が行われて旧制は幕を閉じた。その後、旧制高等学校の学生語は戦後10年ほど新制大学に受け継がれたが、1960年代にはほとんど消滅した。

　旧制高等学校の学生語の特徴の第一はなんといってもドイツ語の使用にある。これがもっともめだつ特徴であり、この時期特有のもので、現代若者ことばとは大きく異なる点だ。これは外国語重視（偏重）のカリキュラムによる。「メッチェン」（女の子）・「ゲル」（お金）・「エッセン」（食べる・食事）・「トリンケン」（酒

を飲む）・「ラウヘン」（煙草を吸う）・「ジンゲル」（芸者）・「リーベ」（愛人）・「ゾル」（兵隊）・「ダンケ」（ありがとう）・「ガンツ」（完全に）・「ジッヘル」（確実に）・「ドッペる」（落第する）などは日常語だった。『八月十五日の青春　大阪高等学校生（旧制）の手記』それ青春の「二春秋」（1996年、「八月十五日の青春」刊行会）に

> 当時われわれが日常的に使ったスラングはドイツ語に由来するものが多い。ゲル（ゲルトの略、お金）、ゲル欠（小遣いの欠乏）などと使う。ゾル（ゾルダートの略、兵隊）、リーベ（愛人）、メッチェン（娘）、エッセン（食物、食べる）、ムッター（母）、ルンゲ（結核）、ガンツ（完全に）、ジッヘル（確実に）などの他、ダンケ（ありがとう）は口癖のように使われた。

と書かれているとおりだ。これらは1960年頃までわずかに使われたが、いずれも消えていった。

　第二の特徴は高等学校が担っていた支配者的人間形成の教育目標から生まれた、誇りに満ちたドイツ語が特権のシンボルとして使用されたことだ。日本語で言えることをことさらドイツ語などに言い換えていた。たとえば「1、2、3」を「アインス・ツバイ・ドライ」はドイツ語 eins, zwei, drei で、寮歌や応援歌の音頭取りのことば。全国の高等学校で使用。「ダンケ」はドイツ語 Danke から、ありがとうの意。丁寧に言う場合は「ダンケシェーン」であった。全国の高等学校で使用。「ガンツ」はドイツ語 ganz で、完全に、非常にの意の強意副詞。「あの映画はガンツおもしろい」「指導教官にガンツ叱られた」などと使う。戦後も10年は使われた。「ジッヘル」はドイツ語 sicher で、確実にの意。この語も戦後10年は使われた。全国の高等学校で使用。これらは将来、指導的立場につくような選ばれた者の気取った誇らしげな仲間内の階層語と言える。

　第三に高等学校の学生の多くは寮生活をしていたことから集団の仲間意識が形成され、仲間内のことばが生まれたことだ。これは連帯感を強める一方で、そこに属さない他者を排除する隠語であった。「イッヒろうべん」などはその代表だろう。これはドイツ語 Ich（一人称主格）と「ろうそく勉強」の略「ろう勉」の合成語で、寮で消灯後、一人こそっと起きてろうそくをつけて勉強すること。土居良太郎『一高語彙　三訂版』（1991年、非売品）に「「ローベン」　寮は、午後10時消灯。それ以後はローソクの火で勉強する。他の寮のあちらこちらにローソクの火が瞬いている。それを見るのは楽しいものである。」とある。

　「コンパ」は寮生がお金を出し合って菓子・芋などを買い、食べながら談笑すること。「デッパツコンパ」「番付コンパ」「同室コンパ」「隣室コンパ」「対室コンパ」「全寮コンパ」「セパレートコンパ」「エッセンコンパ」「残念コンパ」などがある。全国の高等学校で使用。動詞は「コンパる」。現代の学生に残った「コンパ」は当時とは違い、飲み会になった。

　「寮雨（りょうう）」は寮の窓から外に小便をすること。これは旧制第一高等学校の名物だったが他の学校にもあった。明治時代から昭和30年代まで使われたが、現代の学生がこういうことをすることはないので、この語も死語となった。

　「デカンショ」は旧制第一高等学校の学生が好んで歌った学生歌。もと丹波篠山の盆踊りの唄。まずその地の出身の東京高等師範学校教授の亘理章三郎の家塾で歌われた。それが第一高等学校の水泳部との交わりで唄が交換されて同校に広まり、その後、全国に広まった。

　「ストーム」は寮で夜中に上級生が新入生の部屋に騒ぎ立てながら荒らし回ること。英語の storm（嵐）から。明治時代から使われたが、今は消えていった。

　「賄（まかな）い征伐」は寮生が寮の食堂で騒いで賄方（調理人）をこらしめること。明治大正時代の語で、戦争になってほとんど消えた。

　第四に高等学校間の全国的な交流（対抗試合・各種大会）を通じて学生語が全国に広まったことだ。「天下の一高」と言われたことからもわかるように、第一高等学校（一高）がトップの存在として影響力が強かった。藻岩豊平『一高魂物語』藤村操の死（1923年初版、引用は1935年再刊本、非売品）に「近年、諸学校は種々の催しに於いて殆ど一高の模倣のみを為してゐる。第一に所謂対他試合の「弥次」といふものはそれである、第二にストームを真似る。第三に賄征伐の真似もやる。第四に寮雨（寮の窓から小便する）ことを真似る。第五に記念祭の流行がそれである。第六に寮歌の自作をやる。其他十指に尽きない。」と述べている。そこで学生語も一高から出たものがあった。また、旧制高等学校資料保存会『白線帽の青春　東日本篇』（1988年、国書刊行会）に一高の用語を挙げている。「一高には独特な用語、一高語があった。たとえば、牛耳る（支配する）、おさえる（圧倒する）、散漫（ぼんやり）、有能だ（すてきだ）、消耗だ（有能だの反対）、あわてろ（急げ）、寮雨（寮の窓からの小便）、蠟勉（消灯後の蠟燭ともしての勉強）など。」「デカンショも一高語といえよう。」「もっとも一高的な一高語はオンチ。音痴、からきている。ただし、意味は転化していて、音キチのキチ、痴れも

の。本来の学業以外の何かにだけ夢中になっている人間。たとえば芝居オンチ、寮歌オンチ、旅行オンチ、汁粉オンチなど。強い感嘆と淡い蔑視がこめられている。なかでも輝かしいのが、一高と心中しかねまじき一高オンチ。」と「牛耳る」「おさえる」「散漫」「有能」「消耗」「あわてろ」「寮雨」「蠟勉」「デカンショ」「オンチ」を一高語として挙げている。

「オンチ」「だべる」「ストーム」「寮雨」「ろう勉」「デカンショ」などは一高から全国の高等学校に広まった。このうち、「オンチ」「だべる」は今に残る珍しい例だ。「オンチ」は「音痴」と書くが、大正のはじめに旧制高等学校の学生が造った語で、正しい音程で歌えないこと。転じて馬鹿、低脳。また「〜オンチ」の形で、あることが鈍いこと、不得意なこと。いろいろな「オンチ」があった。金田一京助『学窓随筆』言葉の気まぐれ（1936年、創元社）に

> 漢文の時間にぐつと詰まつて散々な目を見たのが漢文オンチ、独逸語の時間に問へ問へして大味噌を附けたのがドイツオンチ、正直過ぎてヘマをしたのが正直オンチ、善良そのものといふおとなしい善良オンチも出て来、東北生れの語呂の通じないヅーヅーオンチから、泰然として腰を抜かしたドッシリオンチ、蛮殻オンチと際限が無く、結局、低脳を意味するオンチという学生語が生れてゐた、それは大正三年の頃だつたが当時寮生の一人だつた弟の遊びに来ての談であつた。

と「漢文オンチ」「ドイツオンチ」「正直オンチ」「善良オンチ」「ヅーヅーオンチ」「ドッシリオンチ」「蛮殻オンチ」など、さまざまな「〜オンチ」が造られた。さらには、意味が変化して、本来の学業以外の何かにだけ夢中になっている人間のこと。現在では「運動音痴」「方向音痴」「味音痴」などがあるが、学生語の「〜オンチ」の用法は消えていった。

学業に関する語には「アルバイト」（ドイツ語 Arbeit からで、原義と転義の両方の意味で使われた。転義というのは家庭教師のこと）・「うらおもて」（同一学年を二回やること。全国の高等学校共通）・「ゲーゲントップ」（ドイツ語 gegen と英語 top の合成語で、成績最下位で進級すること）・「逆トツ」（「ゲーゲントップ」に同じ）・「ドッペる」（ドイツ語 doppeln から落第する意。名詞形は「ドッペリ」。全国の高等学校で使用）などがあり、「アルバイト」のみ消えていくことなく、むしろ広まった語だ。

以上から戦前の学生語で今も残っているのは「アルバイト」「オンチ」「コンパ」

「だべる」の4語のみだ。

5.3 戦前の女学生ことば

　次に戦前の女学生ことばを見てみよう。1872年に東京女学校が設置され、1885年に華族女学校が開校。在学者数は少数であった。1899年に高等女学校令が公布され、各県に高等女学校が設置された。ここはかの有名な良妻賢母主義が目的の学校であった。1920年代になると女子の高等教育を広く求める声が大きくなり、1930年代から1940年代前半にかけて高等女学校は激増した。女子の社会進出と軍需要因の増大に伴う男子労働力の窮迫、女子労働力への期待が背景にあった。参考に高等女学校の生徒数を挙げておこう。

1886年	898人
1887年	2463人
1897年	6799人
1907年	40273人
1917年	109857人
1927年	343578人
1937年	454423人
1944年	817172人

　大正から昭和にかけての女学生ことばの第一の特徴は人に関すること（人の性格・容姿・恋愛など）を隠語にして言い換えて表すことばが非常に多くあったことである。『少女画報』1926年4月号に「現代女学生隠し言葉辞典」が掲載されているほどだ。これは日本各地の女学校で使われている300語足らずを掲載しており、ほとんど人をマイナス評価したことばで、現代若者ことばと共通している。また同誌は2年半後の1928年10月号に「現代東京女学校新流行語集」を掲載し、東京の女学校に流行していることば600語余りを解説している。前者に掲載された語の3分の1が後者にも掲載されている。逆に言えば、残りの3分の2は掲載されておらず、はやりすたりの速さを知らされる。共通して載せている語の一部を挙げると、「アーク燈」（禿頭の先生）・「あじさい」（冷淡な人）・「甘食」（仲の良い2人・新婚夫婦）・「甘栗」（甘い人）・「インテリゲンチャ」（高慢な人）・「以心伝心」（自由結婚）・「一対」（夫婦・愛人同士）・「上出る」（上野音楽学校を出るから、音楽家）・「梅干し」（老人）・「衛生美人」（顔の醜い女性）・「おみかん」（家

庭円満）・「お地蔵さん」（だまりや）・「健脳丸」（忘れっぽい人）・「ざんぎり」（断髪の不美人）・「ジプシー」（たびたび転校する人）・「塩豆」（けちんぼう）・「スタイルシャン」（スタイルの美しい人）・「タイラント」（威張りちらす人）・「月見草」（いつも黙り込んでいる人）・「田紳」（野暮くさい先生）・「ネオ」（新しがりや）など人に関することばが多い。本来の意味から転義した比喩の意味で使う例が多い。このような意味ではいずれも消えていった。

　そこで問題。次にクイズ形式で出題しよう。左のことばの意味を右のa～fから選べ。

アナウンサー	a　告げ口する人
ウーマン	b　大人ぶった人
紙細工	c　へなへなした安っぽい人
ビル子	d　おしゃれの人
トースト	e　焼き餅焼き
ポコラン	f　お腹の大きい人

　正解　「アナウンサー」はa、「ウーマン」はb、「紙細工」はc、「ビル子」はd、「トースト」はe、「ポコラン」はf。

　「アナウンサー」はラジオ放送が始まった1925年から使われたことばで、告げる人なので女学生間では告げ口する人の意で使われた。「ウーマン」は「ガール」に対して大人の女性という意識があったためか、大人ぶった人の意。「紙細工」は紙で作ったぺらぺらなものなので、安っぽい人の意。「ビル子」は丸ビルで働く女性事務員のようなおしゃれの人。「トースト」はパンを焼いたものなので焼き餅焼き。「ポコラン」はお腹がポコッと出ている人。

トースト

（ぷりも　画）

　女学生ことばの第二の特徴はぞんざいな、荒っぽいことばがめだつことである。この背景には下町の女学生が増えたこと、スポーツの流行がある。スポーツをやっているとき、丁寧なことばは使っていられない。そこで歯切れのいい、または強烈なことばが生まれる。先の両誌から例を挙げると、「おす」「おすて」(「おおすてき」の略)・「きもち」(「気持ちが悪い」の略)・「くだら」(「くだらない」の略)・「ざくばら」(「ざっくばらん」の略)・「すこてい」(「少し低脳」の略)・「すこどん」(「少し鈍感」の略)・「スペ」(「スペシャル」の略)・「たこにゅう」(「蛸入道」の略)・「だんち」(「段違い」の略)・「てんむし」(「点取り虫」の略)・「レット」(「トイレット」の略) などの略語がある。これらも消えていったが、省略の仕方は現代の若者ことばと共通している。たとえば、「おつ」(「おつかれ」の略)・「あり」(「ありがとう」の略)・「とりま」(「とりあえず、まあ」の略)・「むずい」(「むずかしい」の略) などがある。

　女学生ことばの第三の特徴は男子学生語を借用していること。女学生が兄弟や兄弟の友だちから男子学生語を習い覚えて女学校に持ち込んで流行することが多い。「すごい」「とても」「すてき」「猛烈」「音痴」「シャン」「ゲル」などがある。これらのうち、「シャン」「ゲル」が消えていった。この時代は男女共学ではなかったために、男女がそれぞれ別の若者ことばを持っていたということである。

5.4　戦後から 1970 年代前半までの若者ことば

　次に戦後を見てみよう。1947 年に教育基本法と学校教育法が公布され、男女共学になったため、この期の最大の特徴は男女共通の学生語が増えたことである。とはいえ、戦後十数年、女子大生の数は男子の 3 分の 1 程度であり、女子の大学進学率は 10 % にも満たなかったので、男子学生と女子学生のことばはまだ異なるものが多かった。また、男女同権が叫ばれた時代であって、女性が男性を見る目が厳しくなり、批判的に見、男性をマイナス評価で表したことばが多く生まれたことが戦前と大きく異なる。たとえば、「エッチ」(変態、助平)・「ミスターポスト」(ボーッと立っているところから間抜け) などがある。さらに、性の解放も叫ばれ、性に関することばが若者ことばに表れた。「A ライン」(キスまで許せる仲)・「B ライン」(ペッティングまでの仲)・「C ライン」(セックスする仲)・「D ライン」(妊娠)はファッション用語から転意した。

　戦後の混乱期はヤミ屋が横行し、多くの人が法を犯して生きていた時代で、ア

ウトローの隠語が一般人、学生の中に入ってきたことも特徴である。「ヤバイ」（危ない、汚い）・「ハクイ」（良い）はこの頃から一般学生が使うようになった。近年、「ヤバイ」はおいしい時にも発せられることばになった。

　ところが、1960年代後半は学生運動の時代で、反乱・闘争・異議申し立ての時代であったことから、男子学生主導の荒々しいことばが横行した。学生運動用語から次のようなことばが生まれた。「連帯する」・「ゲバる」（「ゲバルト」からやっつける意）・「ゲバ子」（女子活動家）・「日和る」（日和見から穏健になること）・「代々木る」（勢力争いで反主流派の代々木派が勝つことから転じて「日和る」と同義）・「ノンポリ」（学生運動に関心のない学生）など。1969年に大学臨時措置法が可決し、学生運動は終焉に向かった。それとともにこれらの語も消えていった。この時代は学生の反抗の時代であり、ことばがまだ実質的な意味をもって語られた硬い時代であった。

5.5　1970年代後半から1990年代の若者ことば

　現代若者ことばは1970年代後半からのものを指し、それ以前の昭和の若者ことばと一線を画す。先の1960年に大学進学率は約10％であったが、1970年には約20％、1975年には約36％に急増した。現在では50％を超える。この現代若者ことばは1990年代まで同じ特徴が続いた。

　現代若者ことばは次の三つの背景から生まれた。

　第一に「まじめ」が崩壊したこと。1970年代前半まで続いた高度経済成長期の日本社会は「まじめ」を価値基準としていた。しかし、1973年のオイルショックによって経済成長は終わり、産業構造も転換してサービス産業がきわめて盛んになり出した。1970年代後半から物質的に豊かになったことで目標を喪失し、「まじめ」が崩壊し、一転して豊かさを享受する消費・娯楽社会へと変化した。このような中で、若者は消費・娯楽の手段としてことばで遊び、ことばを遊ぶようになり、以前にまして会話を楽しむために、より多くの若者ことばを大量に生み出すようになった。特にバブル経済期とその「はじけた」後の若者ことばはこれらの特徴が顕著であった。女子が男子を品定めすることば「〜君」（アッシー君・キープ君・コード君・スッシー君・ベンリー君・本命君・みつぐ君など）はその代表である。

　第二にボーダーレス社会となり、価値観が多様化したことである。価値観が多

様化したとは聞こえがいいが、実際は価値観が個人化したまでで、自分さえよければ「なんでもあり」という自己中心主義（利己主義）まる出しの社会になった。そこには個人の「楽」が価値基準としてある。私は「ひとりよがりの自己愛」と呼んでいる価値観である。そこで「かわいい」「うざい」「きしょい」「むかつく」などの若者ことばが出て来た。気に入れば「かわいい」、気に入らなければ「うざい」「きしょい」「むかつく」と言い、他者を拒否する。

　第三に「楽社会」の出現である。私は「ラク」と「たのしい」を物事の判断の基準とした現代社会を「楽社会」と呼んでいる。このような社会の中で現代若者ことばが生まれた。言い換えれば、「ラク」と「たのしく」話すことばとして現代若者ことばが存在する。若者ことばはいつの時代にも存在するが、社会が異なれば若者ことばも異なる。したがって、現代若者ことばはこの現代社会の特徴から生まれたと言える。特に現代若者ことばは「ラク」と「たのしい」が根底にあることが特徴だ。

5.6　学生語と変化の社会的要因

　以上、戦前の旧制高等学校の学生や女学生のことば、戦後の若者ことばをいくつか取り上げた。

　学生語（学生ことば）は若者ことばの下位分類である。学生語とは学生集団の語という意味である。学生集団は学校・キャンパスで継続的な相互作用がある。またクラブなどのように集団目標を設定することはなく、その場その時の「ノリ」を求めている。現代の学生集団は集団規範や組織化による地位役割配分もあまりないが、連帯意識は多少はある。したがって、学生集団の語は若い仲間内のくだけたことばで、ことばの規範からの自由と遊びを特徴とする通用語である。このように若者ことばと学生語を理論上、区別はできるが、実際的には明確に区別することはむずかしい。なぜなら、学生語は今や全国のキャンパスに共通ばかりでなく、キャンパスに属さない一般の若者にも共通のことばになっているからである。

　このような若者のことばは青年期心理（著しい身体発達に伴う人の目を気にする時期・アイデンティティ探求の時期・自己主張の時期・規範からの自由を求める時期・友を求める時期）から言えば、いつの時代にも存在するが、社会的・歴史的背景から言えば、時代によって質を異にする。たとえば、戦前の旧制高等学

校の学生語は、外国語重視のカリキュラム、支配者的人間形成の教育目標、寮生活などの背景から現代の学生語とはかなり異質なことばであった。その代表が5.2節に挙げた特権のシンボルとして使用された、誇りに満ちたドイツ語の隠語であった。

　それに対して現代の学生語＝若者ことばは1970年代後半以降のものを指すと筆者は考えている。その理由は先に述べた通りである。

　次に平成時代を前半と後半に分けると、若者ことば、学生語は後半の21世紀になって新たな変化をしだした。前半は高度情報化社会に入ったとはいえ、1970年代の続きである。だが後半はIT社会、ユビキタスと言われるコンピューターがいつでもどこでも使える環境が出現し、パソコン、携帯電話、最近ではスマホの普及により、Eメールや携帯メールが日常化し、さらにSNSのLINEで会話し、対面コミュニケーションに加えて（それを避けるむきもある）、これら電子情報機器媒体で使用することばが口頭の若者ことば、学生語に入ってきた。

5.7　21世紀の若者ことば

　若者ことばは上記の理由で21世紀になって変化した。まず、ケータイに関する新語「メルアド」「メアド」「メル友」「着メロ」「着うた」「ワン切り」「写メ」「いたメ」「デコメ」「しかめ」「デコ電」「鬼電」「いえ電」「携番」「機変」「アド変」「着拒」「拒否る」「スマホ」、インターネットに関する新語「ホムペ」「カキコ」「コメする」「プロフ」「オフ会」「ツイる」「フォローする」「リプ」「マイミク」「なう」などが生まれた。

　このうち、「なう」は『現代用語の基礎知識　2011』「若者」のコラムに次のように取り上げられている。

　　○「いま、渋谷にいる」を、若者は「渋谷なう」と表現する。(略)「渋谷なう」は、現在の渋谷の状況を伝えるのではなく、「いま、渋谷にいます」と現在位置を伝えるにすぎない。
　　○また場所だけでなく、現在進行形の行為についても、「カラオケなう」といい、「いま、カラオケをやっている」を意味する。1人でカラオケをやっていたら、「ひとカラなう」だ。

　2017年12月に授業の課題レポートを提出させたところ、「ユニバなう」（ユニバーサルスタジオにいる）と使うとあった。今も使われていることばである。

さらに『現代用語の基礎知識　2012』「若者」のコラムでは「なう」の過去形「ワズ」や未来形「うぃる」が使われていることを記している。

　○現在形が「渋谷なう」ならば、過去形の「〜アゴー（ago）」が使われそうだと 2011 年度版のコラムに書いたが、過去形は「アゴー」ではなく、なぜか「ワズ（was）」に落ち着いたようだ。英語の now と ago を対比させず、I am を過去形にした I was の was を使い、「渋谷にいた」は「渋谷ワズ」と表現される。また「渋谷にいるだろう、いるつもり」と未来、予定を示す場合には、soon や future が使われず、「渋谷うぃる（will）」となる。

「ワズ」は「わず」とも表記される。「学校わず」は学校でした、「友達と焼き肉わず」は友達と焼き肉でしたの意。ただし、現在は「なう」に比べて「わず」はあまり使われていない。

　さらに近年、若者がパソコンやスマホや携帯電話、タブレットなどの電子媒体を日常的に四六時中、頻繁に利用している。近年、Twitter、mixi、Facebook、LINE などといった今まで存在しなかった SNS などのソーシャルメディアツールが発達したため、若者はこれらに飛びつき、使用して、口頭語ではなく、文字盤を「打つことば」、半書きことば化した新語を生み出した。そしてこれを口頭でも使う。これは大きな若者ことばの今の特徴である。

●頭文字化

　まず、中でも顕著な特徴にアルファベットを使った頭字語がある。これは「打つことば」であり、読み方は別にある。頭文字は打つ手間が省け、「ラク」である。

　W または w…「笑」をローマ字表記すると頭文字が w となることから「笑」と同じ。www（ワラワラワラ）と数が多ければ爆笑である。（例）「大勢の人前でこけた」「www」

　gdgd…「グダグダ」と読み、ぐだぐだする意。しまりのないさま。

　gkbr…「ガクブル」と読み、ガクガクブルブルの意。（例）「先生に怒られてまじ gkbr だった」

　ksnm…「くそねみ」と読み、非常に眠い意。

　ktkr…「来たこれ」と読み、捜していたものや待っていたものが見つかったり来たりした時に言う。

　kwsk…「くわしく」と読み、もっと詳しく説明してほしいの意。

orz…「オルツ」「オーズ」「オルズ」と読み、ガックリしているさま。または、ごめんの意。o は頭、r は腕と胴、z は足でガックリした姿態を表している。(例)「遅刻やぞー。はよ来い」「あとちょっとで着く orz」

tkmk…「トキメキ」と読み、ときめくこと。

wktk…「ワクテカ」と読み、非常に期待しているさま。

なお、表記と読みが同じ語に次のものがある。

BFF…「ビーエフエフ」と読み、best friend forever の頭文字。いつまでも友達。

ks…「ケーエス」と読み、既読をスルーするの意。LINE のメッセージを読んだのに返事をしないこと。

KY…「ケーワイ」と読み、数年前に空気が読めないという意味ではやったが、今では「恋の予感」その他の意で女子高校生が使っている。

stk…ストーカー。(例)「怪しい男がついてくるんやけど」「stk かよ」

TBS…「ティービーエス」と読み、テンションばりさげる。(例)「これ、まじTBS」

「(笑)」「w」がもとになって派生したことばもある。

草不可避…www が草が生えているように見えるところから「草」と言い、それが避けられない、つまり、思わず笑ってしまうほどおもしろいこと。「草生える」とも。(例)「この画像見て wwww」「草不可避」

大草原…「草不可避」に同じ。

芝刈り…ネット上で笑い（w）にツッコミを入れること。(例)「www おもしろすぎ wwww」「はーい、ちょっと芝刈りまーす」

ばくわら…「爆笑」の読み替え。

これらは表記されたことばだからこそ意味が伝わる。

●「ギャル語」から

次に、メディアツールの発達により、これらの媒体を介して「ギャル語」などの一部の若者ことばが短期間に一気に広がり、一般人の目にも触れるまでになったことも近年の大きな特徴である。インターネット上には「ギャル流行語大賞」が存在し、一年間に「ギャル」の間で流行したことばが発表されている。その結果はネットニュースなどにも取り上げられているほど注目を集めている。文字として残り、広まるようになったと言える。また、「YouTube」や「ニコニコ動画」

といった動画サイトでは子供向けアニメ昔話をすべて「ギャル語」に換えてアフレコしてアップロードされたものが話題になったことがあった。以下にいくつかの例を挙げておこう。

アリエッティ…ありえない。(例) そんなのアリエッティ！

おけまる…OK。「おけ」とも。(例)「来週はテストだよ」「おけまる！」

おこ…怒っている。これより程度が強いのが「激おこ」、さらに上が「激おこプンプン丸」。

オシャンティー…おしゃれな人。

神ってる…神がかっている。

ただいマンモス…ただいま。(例) ただいマンモス。何か食べる物ない？

とりま…とりあえず、まあ。(例)「とりま、行ってみる？」「おけ」

まんじ（卍）…特に意味はなく、何にでも使う。(例)「もう分かんない」「まじ卍だね」

やさお…優しい男。

●オタク用語から

さらにオタク用語が若者ことばに入り、一般化したことも近年の特徴である。少し前まではこれらの用語は蔑まれる傾向にあったが、21世紀に入り、SNSの発達とともに一般人の目に触れる機会が増え、オタク以外の若者にも使用されるようになった。特に最近では女性のオタクが増えたことで、その名称が若者ことばに入ってきた。たとえば次のような例がある。

鉄女・鉄子…女性の鉄道オタク。

ママ鉄…母親の鉄道オタク。

歴女<ruby>歴女<rt>れきじょ</rt></ruby>…歴史好きな女性。

マミる…アニメ『魔法少女まどか☆マギカ』の登場人物の巴マミのように頭から食われて死ぬ。

マヤる…漫画『ガラスの仮面』の主人公北島マヤのように豹変する。

聖地巡礼…漫画やアニメに登場する舞台・建物に足を運ぶこと。

オシメン…アイドルなどのグループの中でいち押しのメンバー。

DD…誰でも大好きの頭文字化で、アイドルなどのメンバーを複数推す人、グループ単位で推す人。

オキニ…「お気に入り」の略で、アイドルグループのメンバーに気に入られているファン。（例）あの人、〇〇のオキニだってさ。

●ネット用語（Twitter や LINE 用語）から

ネット用語は SNS のサイトごとに用語ができている。Twitter などから多くのことばが生まれ、若者ことばになっている。

2017 年 8 月に梅花女子大学のオープンキャンパスで女子高校生を相手に日本語学のミニ授業をした。その時のタイトルが「地名でない『フロリダ』、麺でない『イツメン』」だった。一般に単語はどのように作られるのか（造語法）を講義し、若者ことば、SNS で使用する独特なことばの造語法について話した後、受講生にどんな例があるかを書いてもらった。

さて、「フロリダ」「イツメン」とは何か。「フロリダ」は LINE のグループに加わっている会話からお風呂に入るため離脱する意。もともとある地名のフロリダにかけてうまく造った語だ。「風呂に行く」を「ほかる」、そのことを告げると誰かから「ふろてら」「いってら」（風呂に行ってらっしゃい）と返ってくる。風呂から帰ってきて先の会話に参加するときに「ほかいま」、それに対して「ほかえり」と返ってくる。「ただいま」「おかえり」をもとに「ほかる」と組み合わせたものだ。次に「イツメン」は「いつものメンバー」の略。同様に「オベメン」はお弁当のメンバー、「ヒルメン」とも。「ハツメン」は初めてのメンバー。これらの画面に打れたことばは口頭でも使う。SNS の用語が若者ことばに入ってきたのだ。

リプ…「リプライ」の略で、返事、返信。（例）「〇〇ちゃん、リプはやくー」

カメレス…レスポンスが亀のように遅いこと。

コメ返…コメントの返事。

り・りょ…了解。（例）「5 時に待ち合わせ」「り」

ファボ…英語の favorite から、ツイートをお気に入り登録すること。動詞は「ファボる」。「ふぁぼ」「ふぁぼる」とひらがな表記もする。（例）「100 ファボ越え！！ありがとう」（例）「〇〇ちゃんのツイート、ふぁぼるわ」

本垢（ほんあか）…主体となるアカウント。

サブ垢…複数あるアカウントのなかで「本垢」以外のアカウント。

リア垢…リアルで使うアカウント。プライベート用のアカウント。（例）「ツイッ

ターのアカウント教えて」「リア垢でいい？」

　浮上…Twitter にログインすること。

　離脱…Twitter からログアウトすること。

　ツイ禁…Twitter を自主的に禁止すること。

　呼びタメ…呼び捨て。

　ツイッタラー…四六時中 Twitter を利用するヘビーユーザー。「ツイ廃」とも。
(例)「ツイッター開いてないと落ち着かないから、わたし本当ツイ廃」

　バカッター…馬鹿な Twitter ユーザー。自分の犯罪行為や迷惑行為などの写真
を Twitter 上に自慢げに公開する人。

　トプ画…LINE のトップ画像。

　飯テロ…お腹がすいている深夜においしそうなご飯の画像を送ったり送られた
りすること。(例)「はい、ごはんだよ♡（食べ物の写真）」「うわっ、飯テロやめ
ろ」

　オワタ…終わった。または失敗などしてもうだめ。(例)「バイトオワタ」

　ワロタ…すごくおもしろい。(例)「今週の○○見た？」「うん、まじワロタ w」

　既読スルー…LINE のメッセージを読んだにもかかわらず返信がないこと。「既
読ぶっち」とも言う。

　置き去り…LINE のグループトークで一人だけ残して全員退会すること。

　LINE はずし…LINE のグループトーク内から強制的に退会させること。また、
特定の人の悪口チャットを始めること。

　おつあり…「お疲れ」のメールなどの返事に「お疲れ」と打つと「おつあり」
と返ってくる。これは「お疲れの返事ありがとう」の略である。同様に「おはあ
り」は「おはよう、ありがとう」の略。「おやあり」は「おやすみ、ありがとう」
の略。「てらあり」は「行ってらっしゃい、ありがとう」の略。

　いってら…「行ってらっしゃい」の略。(例)「フロリダ」「いってらー」

　これらはやりとりの挨拶表現で、極端に略して「ラク」にし、また略して生ま
れたおもしろさを楽しんでいる語である。これらは以前にはなかった新しい表現
である。挨拶に関する新語が増えている背景には、互いに良い関係を維持したい
という意識があるからであろう。仲間からはずされる恐怖や悪口の心配がつきま
とっている。

　インターネットの世界、オンラインゲームの世界など仮想の世界にはまってし

まう「インターネット依存症」（ネット依存症）の人がいる。これに関連するものに次のような語がある。

　リア充…リアル（現実の生活、恋愛）が充実している人。「リアル」と言っているところに現代の特徴がある。ちなみに中国の若者ことばでは「現充」と言う。その反対を「非リア」と言う。

　リア友…インターネット上の友だち（「ネフレ」と言う）ではなく「リアル」な友だち。

　ニコ厨…ニコニコ動画にはまっている人。「ニコ中」（ニコチン中毒）にかけたもの。「厨」は精神的に幼く何かにはまっている集団のこと。これは「中坊」（中学生のこと）と「厨房」をかけたもの。

　以上、挙げてきた語例はそれ以前の語に比べてすぐには消えていかないであろう。それはSNS上の文字を介してのことばであるからである。

5.8　若者ことばの寿命

　若者ことばの寿命について触れておこう。

　筆者は1993年12月に『すきやねん　若者語辞典─梅花女子大生のことば─』を編集した（私家版）。これは1990年4月から1992年1月までに梅花女子大学で収集した学生語を記述したもので、今から20年以前の学生たちが使用した339語が掲載されている。また、付録に当時、310人に調査をした学生の卒論の資料も掲載した。これで本辞典と重なる51語の使用状況がわかる。

　この20年の使用の変化を見るために梅花女子大学の学生30人に意味を簡単に記して上記の339語の使用を尋ねた（2012年6月調査）。「使う◎・知っているが使わない○・知らないので使わない×」のどれかをつけてもらった。なお、30人と少ないのは学科の規模が20年前の10分の1になったためだ。

　よく使う上位の語（3分の2以上の学生が使うと回答した語）を列記すると次のようである（58語）。（　）内は意味。

　28人…学食（学生食堂）・すっぴん・爆睡する・ファミマ（ファミリーマート）・ママチャリ・ミスド（ミスタードーナツ）　（6語）

　27人…朝一・イメチェン・えぐい（最悪・ひどい）・ゲーセン（ゲームセンター）・自己中・留守電　（6語）

　26人…頭真っ白（何も考えられない）・学祭・寒い（ギャグなどがつまらない）・

ドタキャン・はまる（没頭する）・ポテチ（ポテトチップス）・マクド・むずい（むずかしい）（8語）

25人…アバウト（いいかげんな）・おいしい（好条件の・楽な）・午後ティー（午後の紅茶）・むっちゃ（4語）

24人…ギザ十（古い十円硬貨）・速攻（すぐに）・ぱくる（盗む）・ぱしり（使いっ走り）（4語）

23人…おそろ（おそろい）・おちょくる（からかう）・カンペ（カンニングペーパー）・す（すっぴん）・卒アル（卒業アルバム）・超・まじ（7語）

22人…あほ毛（変にウエーブがかかっていたり太さが違っていたりする髪の毛）・おいおい（つっこみのことば）・追っかけ・借りぱく（借りて返さないこと）・だめもと・チャリ通（自転車通学）・直で（直接に）・ツーショット・ばついち・ぱっと見い（ぱっと見た感じ）・ぼったくり（不当な利益を取ること）（11語）

21人…いた電（いたずら電話）・お茶する・かなしばり・きしょい（きしょく悪い）・ノリノリ・パニクる（パニックになる）（6語）

20人…終わってる（もうだめだ）・けばい（けばけばしい）・ナビ（道案内する）・にけつ（二人乗り）・はずい（恥ずかしい）・フリー（つきあっている人がいない）（6語）

20年経って調査語の6分の1がよく使われる語として残っていることがわかった。これらは略語が多いのが特徴であり、またキャンパス用語「学食」「朝一」「学祭」「カンペ」「卒アル」「チャリ通」などが見られる。さらに学生語、若者ことばから幅広い層が使う一般語に近い俗語に格が上がったことが特徴。それゆえ国語辞典にも掲載されるまでになっている。

その次に使う語（3分の1以上3分の2未満の学生が使うと回答した語）は46語あり、上記のよく使われる語と合わせて今も使われる語は20年前の約3分の1であることがわかった。

残りの3分の1未満の学生が使用する（または全く使用しない）語は235語もある。使用者ゼロの語が全体の約3分の1もあり、また使用者が一人と二人の語と合わせると全体の2分の1にものぼる。

以上からこの20年で半数の語は消え、3分の1の語は使用されていると言える。意外と多くの語が残っていると言える。残りの6分の1は少数使用されているが、

やがて消え去ると思われる。

　しかし、これだけでは以前の使用率の高さと現在の使用との関係がわからない。辞典には使用率の高い語も低い語も掲載されているからである。先に記した辞典の付録にある、当時の梅花女子大学での使用調査を報告した卒論の資料をもとに、本辞典と重なる51語の使用状況を比較した。まず現在も使われている語（3分の1（10人）以上の使用者がいる語）から見る。なお、辞典が出た1993年以前に『現代用語の基礎知識』若者用語にある場合は、その年版を（　）内に記した。

　20年前、使用率50％以上の語で現在も使われている語…朝一（1992年版）・お茶する（1984年版）・お水（水商売の女性。1988年版）・終わってる（1980年版）・きしょい（1992年版）・けばい（1984年版）・合コン・自己中・すっぴん・超（1988年版）・爆睡する（1990年版）・プー太郎（1987年版）・ぶっちする（サボる。1988年版）・ぼったくり　（14語）

　20年前、使用率40％以上50％未満の語で現在も使われている語…いた電（1989年版）・ストパ（ストレートパーマ）・ぱくる（1986年版）・バッタもん（ブランドの偽物）　（4語）

　20年前、使用率30％以上40％未満の語で現在も使われている語…アバウト（1986年版）・イタめし（イタリア料理。1992年版）・カンペ・下痢ピー・ゲロゲロ（1990年版）・ぱしり（1983年版）・はみ子（仲間はずれ）　（7語）

　20年前、使用率が30％未満の語で現在も使われている語…借りぱく（1992年版）・卒アル・ドタキャン・ナビ（1993年版）　（4語）

　次に、逆に現在使われていない語（3分の1未満の使用者の語）は次の通り。

　20年前、使用率50％以上の語で現在は使われていない語…イケイケ（1992年版）・オタッキー（オタク。1992年版）・紺ブレ（紺のブレザー。1992年版）・タカビー（高飛車。1991年版）・ダサダサ（非常にださい。1993年版）・般教（一般教養科目。1988年版）・やってくれる　（7語）

　20年前、使用率40％以上50％未満の語で現在は使われていない語…アッシー君（1991年版）・エッチする（1985年版）・鬼のように（非常に。1988年版）・バッチグー（1992年版）　（4語）

　20年前、使用率30％以上40％未満の語で現在は使われていない語…お気に（お気に入り。1992年版）　（1語）

　20年前、使用率30％未満の語で現在は使われていない語…一銭ピー（一文無

し）・過去ヤン（元ヤンキー）・クリパ（クリスマスパーティー）・こんばば（根性が汚い）・ちょんばれ（秘密などが完全にばれてしまうこと）・バイリンギャル（二カ国語を話せる女の子。1991 年版）・ふかし（タバコをふかすこと）・やらはた（セックスせずに二十歳になること。1982 年版）・ユーかます（U ターンする）・類とも（類は友を呼ぶ）（10 語）

以上から以前使用率が 30%以上の 37 語中 25 語が現在も使用され、12 語が使用されなくなった。言い換えれば、使用率が高くても、3 分の 1 がほとんど使われなくなった。また使用率が 30%未満の 14 語中 4 語が現在でも使用され、10 語が使用されなくなってきた。言い換えれば、当時、使用率が低い語の多くはそのまま使われなくなっていくが、逆に広く使用されるようになる語が少数ある。51 語での結果から一般的なことを言うのはむずかしいが、全体として学生語、若者ことばは使用率が高くてもやがて使われなくなることが多いのは、流行語と同じ性質を有しているからだろう。

20 年前と言えばバブルがはじけた頃に流行した語で、死語になっているのは次にあげるように人に関係することばが多い。若者ことばにおいて人に関係することばは流行に関係するために、流行が過ぎれば語も消えていく運命にあるからだ。

男性…アッシー君（車で送り迎えをしてくれる男性）・テリー君（電話友達の男性）・ベンリー君（女性に都合の良いように利用される男性）・ミツグ君（女性に貢ぐ男性）・ヤンエグ（青年実業家）

女性…アンマリ OL（独身 OL）・エレガー（エレベーターガール）・オジンギャル（中年男性のようなことをする若い女性）・キャンねえ（雑誌『CanCam』の女子大生モデル）・クリスマスケーキ（24、25 歳になっても結婚できない女性）・こはだ娘（光り物を身につけている女性）・ツアコン（ツアーコンダクター）・デパガ（デパートガール）・パーコン（パーティーコンパニオン）・バイリンギャル

容姿・ファッション…キレカジ（普段着よりもこぎれいな服装）・くじゃくヘア（前髪を上向きにカールさせたヘアスタイル）・シャーベット顔（あっさり、すっきりした顔）・しょうゆ顔（あっさりした面長の顔）・すそソバ（髪の毛のすそをソバージュにしたヘアスタイル）・パニオン立ち（コンパニオンのようにハイヒールを履いた足の一方を後ろに引いて立つ立ち方）・ボディ

コン（体の線が出るほどぴたっとした女性の服）・ワンレン（髪を長く同じ
長さに切りそろえたヘアスタイル）

転職…デューダする・トラバーユする

その他…3高・態度L（態度が大きい）・⦿

　一方、使われている語はそれ以前から使われている語である。『現代用語の基
礎知識』の年版を見ると1980年代からの語が11語あり、これらは20数年の歴
史を持つ一般語に近いものだろう。したがって、当初、大人から嫌われ、批判さ
れがちな学生語、若者ことばであっても生き残り、一般化する語は少なからずあ
ると言える。

　さらに21世紀に入ってからの状況を見るために参考になるレポートを紹介し
よう。『現代用語の基礎知識』2001年版〜2011年版の若者用語の掲載年数を調
査した学生のレポートによると、一番多い1年掲載の語と次に多い2年掲載の語
を合わせると51.5％と半数を超え、半数は1、2年で消える。しかし、11年掲載
の語が8.5％あり、これが3番目に多い。残りの3年掲載〜10年掲載の語は合計
40％あった。平均すると4.1年の掲載であった。これと上記の結果を合わせて考
えると、消えていく語はかなり短期間に消えていく一方で、使われ続け、一般化
する語も意外に多いと言える。

　11年掲載の語は116語ある。これら消えずに一般化した語にはいくつかの特
徴がある。第一に「マック」「ロイホ」「ケンタ」「ミスド」のようにファストフー
ド店名を省略した語。第二に「メルアド」（メールアドレス）・「メル友」「着メロ」
「ワン切り」などのケータイに関する語。第三に「って感じ」「逆に」「みたいなあ」
「〜のほう」「〜的」「〜状態」などの口癖のように使う曖昧表現。第四に「イケ
メン」「ちゃら男」「ギャル男」「ださ男」のように男性を形容する語。これに対し、
女性を形容する語は比較的掲載年数が短い。第五に「ドトる」（ドトールコーヒー
に行く）・「ジョナる」（ファミリーレストランのジョナサンに行く）・「ガスる」（ファ
ミリーレストランのガストに行く）や「パニクる」（パニックになる）・「ぼこる」
（ぼこぼこに殴る）のように動詞化する接尾辞を付けた派生動詞「る」ことば。

　一方、短期間で消えつつある語に頭字語がある。「KY」（空気が読めない）・
「AKY」（あえて空気読まない）・「MT」（まさかの展開）・「DD」（大学デビュー
または誰でも大好き）・「JK」（女子高校生）など27語ある。これらは臨時的造
語であり、会話を楽しむための遊びであったが、それをみんなが知るところとな

ドトる？

ジョナる？

ガスる？

（ぷりも　画）

り、使い古されては会話の楽しみがなくなり、飽きて死語となっていく。この種の遊びのことばは寿命が短い。なお、「JK」はまだ「JK ビジネス」のように使われている。

ま　と　め

若者ことばが消えていく理由は次の通り。

①これがもっとも大きな理由だが、若者ことばは社会のあり方を反映しているので、社会が変われば、若者ことばは変わり、あるものは消えていく。

②戦前と戦後の比較で、男子学生語はエリートの階層語であったが、戦後、学生が増大し、特別の存在でなくなったため。

③戦後、男女共学となり、女学生ことばが消えた。

④1960 年代の学生運動の時代の若者ことばは運動が終焉したために消えた。

⑤現代若者ことばは消費娯楽社会、「楽」社会の中でことばを遊び、大量生産したため消えた。

第6章

「冷コー」
—— 老人語が消えたワケ

　私は 1995 年に『女子大生からみた老人語辞典』（文理閣）を出版した。当時、日本は高齢化社会になりつつあり、1994 年には 65 歳以上の高齢者人口が総人口に占める割合は 14％だった。しかし、2016 年 9 月 15 日現在では 27.3％にのぼり、過去最高を記録した。高齢者人口が総人口の 3 割を超えるのは 2024 年とされている（『朝日新聞』2016 年 9 月 19 日朝刊）。1925 ～ 1950 年生まれの世代は多産少死型で、現在の高齢者の 95％を占める。この世代の人たちのことばはそれ以前の世代の人のことばとどう違っているのか、また、それ以後の生まれの若い世代とどう違っているのか、興味のあるところだ。

6.1　老人語とは

「老人語」という学問的な術語があるわけではない。ここで言う老人語は次の三つを意味する。

① いつの時代にもそれぞれに存在する高齢者特有の語や言い回しを指す。多くは当時代の一般的な語と比べて古い語や言い回しだ。したがって、死語となる候補語である。

② 時代にあまり関係なく、高齢者の生理上、発音の退化現象として使われる語。また、時代に関係して以前ある発音がなかったために新たに生じたその発音ができず、類音で代用する語。たとえば、「テーシャツ」「テッシュ」「デズニーランド」のように発音する高齢者がいる。これなどが老人語である。「ティ」「ディ」は「テ」「デ」になる。

③ 単に誤って覚え、使っている語。これは高齢者に限らないが、下の世代に比べれば特徴的なことがらである。たとえば、「イタメシ」とはイタリア料理

のことだが、飯を炒める焼きめしと思っていた高齢者がいた。この場合、「イタメシ」は老人語である。

①が代表的な老人語であり、消えていく日本語の候補語でもある。②は発音の問題、③は誤りの問題なので、この章では①に属する個々の語を取り上げる。また、別の観点からも老人語を考えてみる。

6.2　国語辞典の老人語

今から40年以上も前に出版された『新明解国語辞典　第2版』(1974年) の見出し語の意味解説に「老人語」と記した語がいくつもあった。ア行から抜き出すと次の語でそうである。

あいじゃく（愛着）・あきゅうど（商人）・あきらめる（明らかにするの意）・あけはなつ・あさゆ（朝湯）・あつかい（仲裁の意）・あとしき（家督相続の意）・あまもよい（雨模様の意）・いかさま（いかにもの意）・いかつい・いかな（どんなの意）・いかばかり（どれほどの意）・いかよう（どうなふうの意）・いける（生かすの意）・いずれもさま（お得意の皆様の意）・いぞん（異存）・いたごと（費用がかかったりして苦しい事柄の意）・いちごん（一言）・いちじょう（一定。きっとの意）・いちどきに（一度にの意）・いっかど（ひとかどの意）・いっかな（どうしてもの意）・いっけ（一家）・いぬい（西北の意）・いのふ（胃の腑）・いまじぶん（今時分）・いんしん（音信）・うがつ（穿くの意）・うしとら（東北の意）・うせる（死ぬの意）・うちすえる（強く殴る意）・えずめん（絵図面）・えよう（栄耀の意）・えんじゃ（縁者。親類の意）・おおとし（おおみそかの意）・おおふう（大風。横柄の意）・おかみ（役所の意）・おぞくも（愚かにもの意）・おたから（お金の意）・おっけん（越権）・おつねん（越年）・おなご（女の子の意）・おなじい（同じ意）・おひざもと（首都の意）・おぼえる（思われるの意）

その15年後に出版された同辞典第4版（1989年）で老人語を検索すると、第2版と少しの違いがあった。ア行で第2版にあって、第4版にない語は「おしも」（下女中の意）1語のみであった。逆に第2版になく、第4版にある老人語は「あんき」（安気。安心・気楽の意）・「いきしな」・「いな」（異な。理屈を超えていて、納得できない意）・「いまもって」・「うちかくし」（内隠し。内ポケットの意）・「えりにえって」（よりによっての意）・「おじぎ」（お辞儀。遠慮の意）・「おとつい」

の8語であった。これらは新たに増えた語である。

　ところが第4版から23年後に出版された同辞典第7版（2012年）で老人語を検索すると、全く違った結果になった。第7版にはそもそも「老人語」ということばはもう使われていなかった。第2版と第4版の老人語を第7版で検索するとさまざまな解説に変わっていた。

　a古風な表現…あいじゃく・あきんど・あつかい・あとしき・あんき・いかさま・いきしな（やや古風な表現）・いける・いずれもさま・いたごと・いっかど・いっかな・いっけ・いぬい・いのふ・うがつ・うしとら・うちかくし・えりにえって・おおとし・おおふう・おじぎ・おとつい・おなご・おなじい

　b古くは…おっけん（「えっけん」の項）・おつねん（「えつねん」の項）

　c古語的表現…いんしん・えよう

　d雅語…あきらめる

　e改まった表現…いかな（やや改まった表現）・いかばかり・いかよう（やや改まった表現）

　f漢語的表現…いちじょう

　g婉曲表現…うせる

　h注記なし…あけはなつ・あさゆ・あまもよい・いかつい・いぞん・いちごん・いちどきに・いな・いまじぶん・いまもって・うちすえる・えずめん・えんじゃ・おかみ・おたから・おひざもと・おぼえる

　i見出しなし…おしも・おぞくも

以上から「老人語」とされた語の約半分は「古風な表現」に変わり、何の注記もない語、すなわち老人語ではない語が次に多かった。第2版から第4版の「老人語」はいったいなんだったのであろう。見出しから消えていった2語「おしも」「おぞくも」は死語と認定したのであろう。なお、第7版の「古風な表現」については第11章で取り扱う。

6.3　現在老人語と思われる例

　次に上記の国語辞典に関係なく、現在、老人語と思われる語を主に衣食と人間、人間の行動を表す語から取り上げてみよう。

●シミーズ

先の①の例を考えてみよう。「シミーズ」は本来「シュミーズ」と言い、フランス語から入った女性用の上半身から膝あたりまでの丈がある下着。使うのは80歳以上の人だろう。「シュミーズ」が訛って「シミズ」または「シミーズ」と言うのが一般的だった。『モダン用語辞典』（1930年）に「シミーズ」が出ており、「婦人洋服の下着の中でも一番下につける下着」と説明されている。昔、清水駅のホームの「シミーズ、シミーズ」というアナウンスにはじらいを覚えた時代があったと言う。

また、シミーズがスカートの裾からはみ出ていることがあった。それを「シミチョロ」と言った。また「清水三枝子さん」（シミズミエコさん）とも「シミチラ」とも言った。1950年代の女子生徒の隠語だったのが広まったものだ。『週刊朝日』（1952年5月18日号）に「スカートの裾からシュミーズがチラチラしているのは「シミチョロ」。」とあり、『日本』（1960年9月号）に「このシミチョロがジャーナリズムによって紹介されるや、女学生たちは、別の表現を作り出した。こう知られたんじゃ、隠語としてイミないというわけだ。それが"清水三枝子さん"だ。つまり擬人化した表現。」とある。

女性の下着は「シミーズ」→「スリップ」→「キャミソール」（略して「キャミ」）と変遷した。形が変われば名称も変わる。若い人は「スリップ」も知らないので、それ以前の「シミーズ」を知るわけがない。ましてや「シミチョロ」や「清水三枝子さん」も知るはずがない。ある30代前半の男性はこの語を知らないと言っていた。各種の死語辞典類には「シミチョロ」「シュミーズ」が掲載されている。ところが、国語辞典にはいまだに「シミーズ」が掲載されているが、古い語とか

（植田由香 画）

老人語とかの記述はないのはどうしたことか。

●乳押さえ

　「ブラジャー」を「乳押さえ」「乳バンド」「乳当て」などと訳したり、言っていた時代があった。「ブラジャー」はフランス語から英語に入った語。この発明は1910年代、パリのオート・クチュール、ポール・ポワレのデザインによるという。日本でブラジャーが市販されたのは昭和初期で「乳バンド」という名称だった。当時、「乳押さえ」とも言われた。『モダン用語辞典』（1930年）に「ブラジエル　乳おさへ」とあり、『モダン語漫画辞典』（1931年）には「ブラジュール（仏 brassière）「乳おさへ」のこと。こんなもの使はなくてもと思ふが、恰好が良くなりますてな広告があると、つい釣られるのが女の弱点さ。」と書かれている。添田啞蟬坊『浅草底流記』2（1930年、近代生活社）に「踊り子の黄色い素足。何んと細い足。乳当てをしてはゐるが、乳当てをするやうな乳があるのか知らん、ペッシヤンコではないか。」とある。戦後でも朝日新聞社『新聞語辞典　1959年版』（1959年）の「ブラジャー」の説明に「婦人の胸の形をととのえる乳おさえ。」と使われていた。

　女子学生に「乳押さえ」「乳バンド」「乳当て」と聞いてどう思うかと尋ねたら、「生々しい表現でいや」と返ってきた。『岩波国語辞典　第7版』（2009年）は「ブラジャー」の説明にいまだに「乳押さえ」と書いているではないか。思わず吹き出した。

　ブラジャーは訳語を使う必要がないほど普及したため、「乳押さえ」「乳バンド」「乳当て」は消えていった。

●ズロース

　女性が下半身につける下着「ズロース」も消えつつある老人語である。「ズロース」は英語 drawers の訛ったもの。『事物起源辞典　衣食住編』（1970年、東京堂出版）によれば、14世紀末にフランスの宮廷婦人がはいたのが始まりで、西洋において女性が一般にはくようになったのは18世紀末であったという。

　日本では腰巻きはつけても「ズロース」をはくことはなかった。木村荘八『随筆風俗帖』女優・体格・風俗（1942年、双雅房）に「明治の女にズロースを穿いてゐるものは一人もない。寧ろ腰巻以外のものは日常の保身衛生及び美感に障

らうとも役には立たなかつたコステユームが明治の特徴だ。これに反して大正以後の女性に恐らく腰巻だけで居るのは有るまい。——生活がさういふ機微の程度に変るほど風俗服装も変るところが面白い要点であらう。」と書いている。ズロースをはくと頭痛がすると言った女性がいた話は獅子文六の小説には何回か出てくる（たとえば『自由学校』1950 年）。

　1925 年頃から女学校で洋服を制服にするところが増え、生徒の下着は「ブルマー」と呼ばれて身につけられるようになった。1932 年、東京の白木屋百貨店の火事で、綱にすがりつきながら着物の裾の開くのを押さえようとして手を離して転落した女性店員が多かったと言われ、それ以降、「ズロース」が商品化されるようになった。一般にはくようになったのは戦時中のモンペ着用の強制からである。『現代術語辞典』(1931 年) に「ヅロース　婦人用の猿股」とある。ただし、浅草のエロショーの女性は昭和初期から「ズロース」をはいていた。

　私の母親 (1929 年生まれ) は昔「ズロース」と言っていたが、のちには「パンツ」「パンティー」と言っていた。『女子大生からみた老人語辞典』を出版したとき、女子大生に聞くと「エッチっぽい。それに田舎くさい感じがする」と言っていた。今ではかなり高齢の人が使用することばで、やがて消えていくことはまちがいない。しかし、国語辞典には「古風」の注記は記されていないのはどうしたのか。

●さるまた（猿股）

　男性用の下履きで股下が長いパンツを指す。今では股下が短いのを「ブリーフ」と言う。現代の国語辞典では「古風」とか「老人語」とは書いていないが、このことばを使用する人は高齢者に限られ、若い学生は知らないことばである。

　1929 年生まれの俵元昭の『半死半生語集　次の番』(1995 年、学生社) に「猿股」の項目があり、「パンツ（いわゆるズボンではなくて、腰間にまとう男性用下着）のこと。私よりもうひと世代前の用語。」と書いているが、同じ年に生まれた私の父は「さるまた」と以前は言っていたが、途中から「パンツ」に変わった。

　源氏鶏太『鬼の居ぬ間』第三話・一 (1955 年) に「さるまた」を洗濯する話が出てくる。

　　日曜日は、丹木南平の洗濯日であった。大阪を発つ時に、細君が、

「あなた、サルマタだけは、自分で洗濯して下さいよ」と、固くいったのである。

ワイシャツ、ハンケチ、それから、下着類は、洗濯屋に出してもいいが、サルマタだけは、自分で洗濯するのが、即ち、紳士のたしなみだ、との理論だった。南平も、何となく、そうかも知れない、と思った。

「さるまた」は品のなさがいけなかったのか、「パンツ」のちに「トランクス」「ブリーフ」に取って代わられた。

◉バンド

10年ほど前に授業で「ズボンのバンドがゆるくて」と言ったら、女子大生たちが笑った。「バンドって老人語。それはベルトでしょ」と言うではないか。自分はまだ若いと思っていたのに老人語を話していたとは。

「バンド」は江戸時代にオランダ語から入った語。明治時代に英語から「ベルト」が入ってきた。永井英次郎等『洋服辞典』(1910年、洋装界社)に「バンド　胴じめ、又は帯。(皮製布製、ゴム製種々あり即ち本邦に於てもまたバンドと称する物なり)」とある。「バンド」より「ベルト」の使用が優勢になったのは1970年代以降だ。私は子どもの頃から「バンド」で、今でもつい言ってしまう。『三省堂国語辞典　第7版』(2014年)にはなんと「古風」の注記がついていた。一般には「バンド」→「ベルト」となったのだ。同じ物でも後から入った原語が違うことばを採用し、古い語が消えていきつつある例と言える。

◉ズック

「ズック」はオランダ語 doek (布) が訛った語で、太い亜麻糸または木綿糸を用いた厚地の平織物。船の帆や鞄、運動靴にも用いられ、「ズック靴」を略して「ズック」と言う。

『三省堂国語辞典　第7版』(2014年)には「古風」の注記がついていた。拙著『女子大生からみた老人語辞典』にも載せた。学生は「おばあちゃんはよく「ズック」と言って布製のひも靴を出してくれていました。だからひもで結ぶタイプの運動靴のことだと思う。」と書いている。私は小学生の頃まで「ズック」と言っていた。今では「スニーカー」と言うのが一般的になり、「ズック」は老人語となった。各種の死語辞典類には掲載されている。

●シャッポ

　「シャッポ」とはフランス語 chapeau で帽子のこと。「シャッポー」とも言う。幕末にフランス軍隊に指導を仰いだためフランス語から入り、昭和初期まではよく使われていた。方言では現在も残っている。おばあちゃんに「シャッポかぶって行きんさい」と言われた学生が「は？」と聞いたという話を先の『女子大生からみた老人語辞典』に載せたが、『三省堂国語辞典　第7版』には「古風」の注記がついていた。

　「シャッポ」はもともと対応する日本語があったので、わざわざ言う必要がなくて消えていったのだろう。

　「シャッポを脱ぐ」という慣用句については第9章で取り上げる。

　ところで、「ポシャる」という俗語がある。計画などが途中でだめになる、つぶれるなどの意。これは「シャッポ」を倒置して「る」ことばにしてできたことばなのだ。「かぶとを脱ぐ」→「脱帽する」→シャッポを脱ぐ→シャッポ→ポシャる、という具合にしてできた。昭和初期から現在まで使われ続けている。「シャッポ」は消えていったが、代わりにそれから派生した動詞「ポシャる」が生き残ったわけだ。

●チョッキ

　「チョッキ」を『三省堂国語辞典　第7版』で引くと「古風」とある。私は普段から「チョッキ」と言っているが、学生に「それはベスト」と言われ笑われる。「チョッキ」の語源はおそらく jacket であろう。福沢諭吉『西洋衣食住』(1867 年) にウエストコートの訳語として出ているので、幕末には「チョッキ」という名が定着していたと思われる。ヘボン『和英語林集成　再版』(1872 年) に「CHOKKI, チョッキ, n. (derived from Eng. jacket). A vest, Jacket.」とあり、jacket に由来するとしている。明治時代、「短衣」「胴衣」「胴着」などの訳語に「チョッキ」とルビが振られていたこともあるが、そのまま「チョッキ」と書かれるほうが多かった。

　1980 年代までは「チョッキ」が一般的で、「ベスト」は少数派であったが、今は逆転しているであろう。先の学生も小学校のときは「チョッキ」と言っていて、今使うと「ダサい」感じがするという。古い外来語が新しい外来語に取って代わられた例である。

●冷コー

　大阪の高齢者が使う「冷コ」または「冷コー」は冷たいコーヒー、アイスコーヒーのこと。戦前、関西では「冷やしコーヒー」のことを「冷コーヒー」または「コールコーヒー」と呼んでいた。「冷コー」は「冷コーヒー」の略だ。大阪の喫茶店の中には今も「冷コーあります」の貼り紙をしているところがある。「コールコーヒー」は現在でも使うが、私は何か気取った感じがする。一方、「冷コー」は庶民的なにおいがする。

　大衆娯楽雑誌『ヨシモト』（1936年9月号）に「駄洒落狂叙」と題して朝、楽屋入りしたばかりの5人の会話が載せてある。その中に「冷コー」が出てくる。以下に引用しておこう。

　　寺島　暑いね今日も。

　　澤　　冷めたいものが飲み度いね。

　　伊那　楽屋番居ないかな。

　　寺島　おーい、何か冷めたいもの持つて来て呉れエ。

　　岡村　僕、冷コーがいゝや。

　　笠井　君、金持つてるのか。

　　岡村　持つてるよ。コーヒー飲む位ひは何時だつて持つてるよ。

　　笠井　感心だなア。僕、洋服を拵えたから、今月は駄目だ。倹約しやう。

　　寺島　ぢや奢らうかア。

　　笠井　いや、沢山です。

　　寺島　遠慮すな。冷コー一杯奢らう。

　　笠井　いえ、遠慮ぢやないんですよ。僕、お腹を毀してるんです。

　　寺島　ぢや、氷にしやうか。

　　笠井　いや、もうコリ〴〵ですワ。

この例でもわかるように「冷コー」は戦前から使われていた。しかし、今は老人語になりつつあり、若い人はこの語を知らない。あと何年もつだろうか。

●メリケン粉

　「メリケン粉」を知らない若者が増えている。小麦粉と説明するとわかる。「メリケン」はAmericanからで、語頭のアが弱いアクセントなので「メリケン」と聞こえる。幕末にアメリカから小麦粉が輸入されたため「メリケン粉」と言う。「う

どん粉」と区別して使われた。

　不良が使うけんか道具に「メリケンサック」があり、略して「メリケン」とも言う。神戸には「メリケン波止場」がある。山本嘉次郎『カツドウヤという名の人類』カツドウヤ人類学（1953 年、東成社）には、アメリカで日本人として初めて映画に出演した人が話す中に「メリケンさん」が使われている。アメリカ人のこと。

　　　これからワア、どないしてもオ、ダラー（ドル）の世の中じゃケン、メリケ
　　　んさんがやって来よりましたラア、ダラーをば、シボリ上げんならんオモオ
　　　トルよってニイ、ユーはひとつ、ミイを、ヘルプ（援助）して、くれんです
　　　かア……

「メリケン」は耳から入った英語で、これらのことばの中に残っているが、単独で使うことはない。

◉ハイカラ

　明治時代後半の代表的な流行語と言えば「ハイカラ」だ。英語 high collar（高い襟）からそれをつけ、コスメチックを頭髪に塗り、進歩主義・欧化主義を主張した若い洋行帰りの政治家・官吏を指して言ったことば。保守主義者を「チョンマゲ党」と呼んだのに対して、開国主義者・進歩主義者・欧化主義者を「ハイカラ党」と呼んだのが始まり。当時、毎日新聞（東京横浜毎日新聞の改題）記者の石川半山（本名石川安次郎）が連載「当世人物評」で使い始めた（1900 年 6 月21 日初出）。

　「ハイカラ」から「ハイカる」という動詞が明治時代にできた。ハイカラぶる、ハイカラがる意。『中学世界』（1907 年 4 月号）に「そう云ふ僕も靴を東京のさる靴店に注文して、大にハイカッた 積 だつたが」と使われた。この動詞は今ではまったく聞かなくなった。

　「ハイカラ」は『三省堂国語辞典　第 7 版』（2014 年）には「少し古い言い方」と注記されている。少女漫画『はいからさんが通る』（1970 年代後半に週刊雑誌に掲載され、テレビアニメにもなった）や NHK 連続ドラマ小説『ハイカラさん』（1982 年）でこのことばを知っている人もいよう。前者は大正時代を、後者は明治時代を時代背景にしている。「ハイカラ」と言えば「ハイカラさん」を思い浮かべる人が多いのはこのためだ。しかし、「ハイカラな服やなあ」とか「ハイカ

ラな人」などと物や人の形容に使う若者はなく、もし使えば老人語と言われてしまう。

　なお、大阪には「ハイカラうどん」がある。揚げ玉が入ったうどんを指す。学食にもある。東京では「たぬきうどん」と呼ばれている。

◉チョンガー

　独身男性を「チョンガー」と言う。語源は朝鮮語で未成年男子の髪型「総角」（髪を左右に分け、両耳の上に巻いて輪を作るヘアスタイル）のこと。転じて朝鮮の旧習で成年に達しても未婚でいる男性をさげすんで言った。1910年の韓国併合以後、大正時代に日本語に入ってきた。

　『新明解国語辞典　第7版』（2012年）は「やや古風な俗称」としている。学生たちは知らないという。40代でも知らない人がいるので、やがて死語になるのではないか。

◉べっぴん

　美人のことを「べっぴん」「べっぴんさん」と言う。関西ではおじいちゃんやおばあちゃんが「あの子、べっぴんさんやなあ」と言うのをよく聞く。『新明解国語辞典　第7版』（2012年）に「「美人」のやや古風な表現」と書いている。「古風」ではなく「やや古風」なのでまだ消えていくまでには時間がかかるだろう。

　「べっぴん」の語源を少しばかり書いておく。江戸時代の終わりに東海道の吉田駅（現在、愛知県豊橋市）に、割烹「織清」という店が鰻の蒲焼きを宣伝するために看板に「頗別品」（「すこぶるべっぴん」と読む）と書いたのが始まりという。大変うまい、美味という意味で、転じて特別美しい意になり、美人を表すようになった。先の店は現在「うなぎ　丸よ」といって、「別品発祥の店」の看板を出している。したがって漢字で「別品」と書いていたのが、美人を指すようにもなって「別嬪」の字を当てるようになった。

◉れ　こ

　「れこ」は「これ」の倒置で、愛人やお金を指す。情夫の場合は親指を立て、情婦なら小指を立て「れこ」と言う。またお金の場合は親指と人差し指で丸を作り「れこ」と言う。『三省堂国語辞典　第7版』（2014年）は「古風・俗」の注

記がついている。『明鏡国語辞典　第2版』（2010年）、『岩波国語辞典　第7版』（2009年）には「俗」の注記があるだけで古いとも何とも書いていない。江戸時代から使われていた語であるが、近年ほとんど耳にしない。老人語と言っていいだろう。

　戦後の例を挙げると、石坂洋次郎『丘は花ざかり』貴方と私（1952年）に「「（略）あのサムライは「山猫」のマダムのれこなんだよ」と、野崎は、太い親指をつき出してみせた。」、南英男『盗聴』第1章（1996年）に「大年増の愛人と俳句の勉強でも始めたら？」などと使われていた。

　ところが、最近は若者ことばでもそうだが、遠回しに言うとか比喩的に言うとかは少なくなり、直接的な表現が多くなった。わざわざひっくり返して「れこ」と言わず、そのまま「これ」と言っている。愛人やお金を指すことが社会的にそれほど品のないこととは思わなくなってきたためだ。価値観の変化、タブーの対象の変化、大きく言えば社会の変化だ。

●女　給

　大正から昭和初期にかけてのカフェー全盛期における女給仕のことを「女給」と言った。またバーでも「女給」と言った。英語 waitress の訳語。1918、1919年頃から使われた名称。1929年から1931年にエロを売り物にした大阪のカフェー店が東京に進出した影響で東京のカフェーも「エロサービス」をした。拙著『女子大生からみた老人語辞典』（1995年）に次の会話がある。

　　おじいちゃん「美加はパートしてんのか？」

　　孫（美加）「ううん、してないけど、お金ないからしなあかんわ」

　　おじいちゃん「パートもいろいろあるけど、女給はやめとけよ。みっともないから」

　　孫「おじいちゃん、女給って何？」

　　おじいちゃん「女の給仕や」

　これは20年以上前の会話である。当時まだ「女給」と言っていた老人がいた。『三省堂国語辞典　第7版』（2014年）に「古風」と記されている。今では「ホステス」と言う。「女給」はかなり高齢の人しか使わないであろう。

●アベック

　「アベック」はフランス語 avec から入った語で「〜と一緒に」の意。大正時代、陸軍の将校間の俗語から出た。『大日本兵語辞典』増補改訂版（1921年）に「あべつく　俗語。二人づれといふ外国語、軍隊殊に陸軍将校間に於ては夫婦打連れて外出散歩するときに「アベック」にて行くと云へり。」とある。昭和初期にはモガ・モボの出現とともに広まったおしゃれなことばだった。『モダン用語辞典』（1930年）に「アヴエク（略）「同伴」といふ意味のハイカラな気取つた用法。」とある。モガ・モボが銀座を一緒に歩く姿を表したハイカラな語だった。

　戦後、「アベック」は特に流行語となり、カストリ雑誌『アベック』が発行された。風刺雑誌『VAN』第2巻第15号（1947年）に「何が一番新しい（民主的）だらうか」という質問に「まだ〳〵かけ声ばかり。せい〴〵青年男女のアベック姿位のものか」と回答している人がいる。アベックを観察した考現学者がいた。吉田謙吉で、「アベックコレクション」と題し、腕を組んで歩くアベック、喫茶店で向かい合っているアベックなどを描き、「目立つといえば、街頭のアベックもまた殖えて来つつあるが」と述べている（1946年4月）。洋画家で随筆家の木村荘八は『現代風俗帖』（1952年）の中で、皇居前広場が「アベック市場」と呼ばれ、「アムールに酔つてゐる人人」が集まっていると書いている。こんな風俗と「アベック旅館」の出現によって「アベック」は「しゃれた語」から「いやらしい語」へと堕落してしまった。

　「アベック」のサ変動詞「アベックする」が使われていた時代があった。川本三郎『映画の昭和雑貨店【完結編】』（1999年、小学館）によれば、本多猪四郎監督『恋化粧』（1955年）で柳橋の半玉が夜学に通っているコーちゃんを好きになり、姉に「あたし、コーちゃんとアベックしたいな」と打ち明ける場面がある。デートする意味であった。

　現在、男女二人連れの「アベック」は老人語となり、「カップル」が一般的になった。「アベック」は野球の「アベックホームラン」に見られるように単独では使われなくなった。何年後かには消えていくだろう。『三省堂国語辞典　第7版』（2014年）には「古風」の注記がある。

●ランデブー

　「ランデブー」と聞いて「逢い引き」と思った人はかなりの老人。宇宙ロケッ

トのドッキングと思った人は中年。なんのことかわからない人は若者だ。明治時代にフランス語 rendez-vous から入った語だ。人と会う約束をする意。日本では男女の密会の意で、昭和初期のモダン語だった。『モダン語漫画辞典』（1931 年）に「ランデ・ヴー、何と恋を語らふ会合に相応しい響きを持つことよ。フランス語はトテモ素敵だとモダン氏に愛用せらるる所以また<ruby>茲<rt>ここ</rt></ruby>にありだ。」と、語感の良さを書いている。ランデブーする場所と言ったらカフェーだ。安藤更生『銀座細見』Ⅶ・カフエ列伝・アザミ（1931 年）に「こゝの二階は静かで、客も多くなく、場所も横町で人目につかないで、ランデエブウなどには都合がいゝ。随分そんな方に利用する人もある。」とある。

　戦後は性の解放の中で「アベック」と共に盛んに使われた。奥野信太郎『随筆東京』童心と老成心（1951 年、東和社）に「ちよつと雑誌をひろげてみただけでも、ニュー・フェイスだとか、ランデヴーだとか、スタイル・ブックだとか、外来語が氾濫してゐます。」と外来語の氾濫の例に挙げられている。風刺雑誌『VAN』第 1 巻第 3 号（1946 年）に村山しげる「気のないランデヴ」と題したイラストと文が出ている。

　それゆえ「る」ことば「デブる」ができたくらいだ。『週刊朝日』（1952 年 4 月 13 日号）に「ちょっとデブって来た」と学生ことばに使われていることを書いている。

　このように密会の意の「ランデブー」は 1950 年代まではよく使われていた。先の『映画の昭和雑貨店【完結編】』によれば、市川崑監督『恋人』（1951 年）で、若い女性が銀座に出かけるときに「ランデブーに行ってきます」と言っている。二人は銀座で落ち合う。

　美空ひばりが 1955 年に「素敵なランデブー」を歌っていた。杉江敏男監督『ジャンケン娘』（1955 年）の主題歌だ。グループ万華鏡『セピア色の言葉たち』（1998 年、蝸牛社）に「昔乙女の死語」のひとつに「ランデブー」が取り上げられている。「〽ランランランラン　ランデブー　アイアイアイアイ　アイラブユー　などと私の娘時代はこの流行歌で跳ね回っていたが」と書かれている。これが「素敵なランデブー」だ。

　ところが、1950 年代から「デート」が普及し、アメリカの青春映画『渚のデイト』が日本で公開されたのが 1963 年。この頃から「デート」が一般化した。戦前のフランス語からの気取った「ランデブー」とは違い、ひどく明るく開放的

な感じの「デート」が戦後の解放された青年男女に受けたのだ。「デート」が普及した例に1958年から1959年にかけて警職法（警察官職務執行法改正案）反対運動時の、「デートもできない警職法」というスローガンがあった。

　一方、人工衛星のドッキングの意の「ランデブー」は1960年代前半から使われ出したが、「ドッキング」に追いやられた。

　『三省堂国語辞典　第7版』（2014年）は「古風」と言う。老人語でもかなり死語に近い。

●接　吻

　「キス」「キッス」「口づけ」「チュー」とは言っても「接吻」と言う人は私の年代にはいない。国語辞典には老人語とも古い語とも書いていないが、明らかに古くさい。「接吻」の詳細な語誌を記した広田栄太郎『近代訳語考』（1969年、東京堂出版）によれば、「接吻」は中国の清の時代から見られる語であり、漢訳聖書にも見られる。それを日本語に借用してオランダ語 kús の訳語に当てた。蘭日辞書『道訳法児馬（ドゥーフハルマ）』（1816年）に「Kús　接吻スル」「Kússen　接吻（アヒクチ）スル」とあるのが早い。明治時代になると英語の kiss の訳語として明治初期の対訳辞書に「接吻」はよく見られるが、翻訳物には「接吻」以外に「口吸う」「口づけ」「口吻」「吻礼」などさまざまあり、定着していなかった。明治20年代になると翻訳物以外にも「接吻」が現れた。国語辞典に最初に採録されたのは『漢英対照　いろは辞典』（1888年）である。

　ちなみに「接吻」なる語が和製漢語なのか中国語なのか、どこから来たのかをあれこれと書いた随筆がある。それは斎藤茂吉「接吻」（1925年）である。興味のある方はお読みください。

　石坂洋次郎『青い山脈』試される者（1947年）に「その中にセップン映画を三回見たという人もあります」とある「接吻映画」は1946年5月23日封切りの『はたちの青春』（佐々木康監督、大坂志郎、幾野道子主演）を指す。接吻映画第一号で知られ、GHQの民主化政策の一つとして撮られた。ボートで男女二人がキスするシーンがあり、幾野道子は決死の覚悟で挑戦したという。映画のタイトルに初めて「接吻」を使ったのは『或る夜の接吻』（千葉泰樹監督、1946年）である。

　「接吻」は昭和30年代まではよく使われていたが、その後「キッス」に取って

代わられた。映画『キューポラのある街』(1962年、浦山桐郎監督、吉永小百合主演)で、吉永小百合の「私、キッスすると赤ちゃんができると思ってた」という台詞がある。「接吻」ではなかった。

「接吻」がすたれて「キッス」「キス」が一般化し、今では「チュー」という幼児語が大人まで使うもっとも普通の日常語となった理由に「接吻」に性的ないやらしい感じがあるからである。それに対して「チュー」は擬音語であり、その幼稚さゆえに性的な恥じらいを感じることなく使える。

●失　敬

私の大学の恩師(1924年生まれ)がよく言っていたことばに「失敬」がある。「じゃ、失敬する」と言って帰って行く姿はいつもかっこいいなと思っていた。「失敬」は男性が使う別れのことばである。清水義範『ことばの国』廃語辞典(1990年、集英社)に「失敬」が取り上げられている。「昔、そこそこ教養も学歴もあるという男性がよく使った言葉だが、今はほとんど耳にしなくなってしまった。」と27年前に書いている。そして「しかし、今でも時々この言葉を使う老人がいたりすると、非常に味わいがあってよいものである。」とも書いている。老人語である。『明鏡国語辞典　第2版』は「やや古風な言い方」としているが、「古風」と言い切ってもいいだろう。

「失敬」は明治時代から学生語としてよく使われていたが、エリート意識で使われていたドイツ語由来の学生語と同様に、戦後、大学教育が一般化し、学生に階層意識がなくなるとともに消えていった。

ま　と　め

老人語が消えていく理由は次の通り。

①当時代の一般的な語と比べて古い語で、何らかの臭いがつき、語感が悪くなり、すでに新しい語に取って代わられているから。

②遠回しに言うとか比喩的に言うとかは少なくなり、直接的な表現が多くなったから。

第7章

「電気会社の社長」
——隠語が消えたワケ

　姉妹でもカトリックの修道女でもない「シスター」をご存じだろうか。戦前、女学校の生徒の隠語で、同性愛の相手の女学生、上級生が下級生を恋愛の対象、また愛することを「シスター」と言った。略して「シス」、また、sister の頭文字をとって「エス（S）」と言った。こんな隠語はもう使われていない。これも消えていった日本語だ。隠語は限られた集団内で使われるので消えていくことがないと思われがちだが、実際は隠語は次々に新しい隠語に取って代わられていくことがある。

7.1　隠語とは

　まず「隠語」とは何かを定義しておこう。隠語とは社会集団の内部の秘密保持のために内部の人間だけがわかるように造り使用することばである。「造り使用することば」には新造語もあれば既存語を転義した語もある。例を挙げると泥棒やスリの隠語「商い」は盗む、すりとる意で、まっとうな商売のことではない。「盗み」「すり」と言えば外部の人間に聞かれた場合、具合が悪いため、言い換えて「商い」と言っている。

　しかし、契機も使用も秘密保持のためとは限らない例も多くある。たとえば、囚人間のことば「楽隊」は刑務所の食事に出る豚肉とジャガイモの煮付けのこと（楽隊はドンジャカという音がするので、豚のトンとジャガイモを合わせた）で、造語の契機は秘密保持のためであったと思われるが、今では単なるしゃれっけのある言い換えに過ぎない。「商い」が元来の「狭義の隠語」とするなら、「楽隊」は隠す意図が消えた、一般社会に通じることばではない、別の言い換え語という意味で、「広義の隠語」といえる。

　隠語はその性格から反社会的集団（泥棒・スリ・詐欺師・暴力団・不良・麻薬常用者など）に多く見られるが、それ以外にも非反社会的集団（職業的集団・趣味娯楽集団・キャンパス集団）にも見られる。たとえば、職業的集団のデパート店員間でトイレに行くことをA百貨店では「遠方（えんぽう）」、B百貨店では「新閣（しんかく）」、C百貨店では「仁久（じんきゅう）」と言う。これは客に聞かれてはまずいので、何を言っているのかわからないように言い換えた隠語である。隠語の使用は結果として、仲間だけに通じるゆえに、その集団への帰属意識を強める。

7.2　スリの隠語

　反社会的集団のスリは古くから隠語を使っている。スリの隠語は他の反社会的集団の隠語同様、次々に変わっていく。それは同じ語を使っていては犯罪がばれてしまうからである。尾佐竹猛（おさたけたけき）「掏摸物語」（1909年）に「変遷極りなき符号中にも」とあり、本田一郎『仕立屋銀次』（1930年、塩川書房）にも「彼等の仲間では絶へず新しい隠語が創作されるので」とあるように隠語は絶えず新たに造られたようだ。また、生活の変化に伴って手口も変化し、それを表す隠語も次々に造られた。たとえば、汽車、電車の出現によって列車内のスリを意味する「箱師」「長箱師（ながばこし）」が現れた。また、「並び」（隣席に並んで乗客の懐中を掏る手口）・「箱上がり」（乗り込む客から掏り取る手口）・「中商い（なか）」（車中で掏り取る手口）などが生まれた。その後、着物から洋服への変化に伴って掏り取る物や手口や場所も変わり、それを表す隠語が造られた。「うちパー」（内ポケット）・「そとパー」（外ポケット）・「饅頭」（懐中時計）などがある。懐中時計の金時計をスリの隠語で「ウグイス」と言ったが、一般人に知られるところとなり、スリは使わなくなり、「きんまん」「きんたま」と言った。

7.3　僧侶の隠語

　職業的集団に属する僧侶は肉食や飲酒を禁じられているため、それらを飲食することは公然とはしにくい。そこでそれらを指すことばを言い換えて使用している。たとえば「酒」を「般若湯（はんにゃとう）」というのはよく知られている。が、「ビール」を何というかは知らない人が多いのではないか。古川緑波（ふるかわろっぱ）『悲食記』一休庵の思い出（1958年、学風書院）に戦前、黄檗宗（おうばく）の普茶料理屋に行ったときのことが書いてある。

「酒を持つて来てくれ」と、女中に云うと、その、いかめしいユニホームを
着た彼女は、「は。般若湯でございますね。」と、念を押すように云つてから、
持つて来た。

仏門では、酒のことを、般若湯というのだということは知つていたから、こ
れは別に驚かなかつたが、次に、ビールを命じた時にはちよいと驚いた。

「ビールをくれ。」

「はい、泡般若でございますね。」

と女中が云つた。

「アワハンニヤ？」

ききとれなかつたので、僕はきき返した。ビールのことを、泡般若と称する
ことを、この時はじめて知つた。

なんと「ビール」を「泡般若」と言う。うまい言い換え語である。

落語の「こんにゃく問答」は二代目林家正蔵の作であるが、この中に和尚に扮
した八五郎が僧侶の隠語を話している。なお正蔵はもと禅宗の僧侶だった。

ああそうそう、こねえだ符牒を教わっておいたな、酒のことが般若湯、あわ
びが伏鉦、卵が遠眼鏡、かつ節が巻紙、どじょうが踊り子、たこが天蓋……

「あわび」を「伏鉦」、「卵」を「遠眼鏡」、「かつ節」を「巻紙」、「どじょう」
を「踊り子」、「タコ」を「天蓋」と言い換えている。これ以外に僧侶の隠語には
「刺身」は「嘆仏」、「こんにゃく」は「阿弥陀経」、「馬肉」を「かなぐつ」、「鮎」
を「剃刀」などに言い換えた例がある。

宗派によって違うが、このような飲酒、肉食を忌むことがなくなりつつあり、
それらを表す隠語も消えつつある。

昔は僧侶以外でも肉食は忌んでいたので、いろいろと言い換えた隠語があった。
獣の肉は「山鯨」に言い換えた。江戸では「ももんじい」（妖怪の意）と言い、
それを売る店を「ももんじ屋」と言った。俗にはあからさまに「けだもの屋」と
言った。江戸の麹町通りに有名なももんじ屋があったので、「麹町」はももんじ
屋の代名詞となった。また「山鯨」はイノシシの肉の異名でもあった。さらにイ
ノシシの肉は「ボタン」とも言った。これは図柄「獅子に牡丹」から、「獅子」
を「イノシシ」にとりなしたもの。牛肉は「冬ボタン」、鹿の肉は「モミジ」、馬
肉は「サクラ」と言った。いずれも色からの連想による言い換えである。このよ

うな和語（大和言葉）の植物名に言い換えると美化されて嫌悪感がなくなる。浜田義一郎『江戸たべもの歳時記』（1977年、中公文庫）には江戸の川柳「けだもの屋大和言葉に書いて置き」（『初代川柳評万句合』）を引いて、この例を挙げている。

　以上の獣肉はかつては隠語であったが、今では忌む意識は消え、隠すことばではないという意味で隠語ではなく、言い換えである。これは消えていく隠語ではなく、逆に隠語が一般化した例である。

7.4　戦前の女学生の隠語

　次に消えていった隠語を非反社会的集団であるキャンパス学生集団から取り上げよう。『少女画報』1926年4月号に「現代女学生隠し言葉辞典」が掲載されている。これは日本各地の女学校で使われていることば300語足らずを辞典風に載せたもの。また同誌は1928年10月号にも「現代東京女学校新流行語集」を掲載し、東京の女学校に流行していることば600語余りを解説している。前者に掲載された語の3分の2は後者に掲載されていない。

　そこで問題。次にクイズ形式で出題しよう。左のことばの意味を右のa〜eから選べ。

アイスクリーム	a	偉ぶる人
甘食	b	意志薄弱な人
シュークリーム	c	新婚夫婦
オーソリティ	d	不良少年少女
こり	e	継母

　正解　「アイスクリーム」はe、「甘食」はc、「シュークリーム」はb、「オーソリティ」はa、「こり」はd。

　「アイスクリーム」は「継母のこと。甘い様で冷たいから」（「現代女学生隠し言葉辞典」）。明治時代は高利貸しのことだった。なぜならアイスクリームは氷菓子だからというしゃれ。ところが、戦前の女学生は継母の意で使った。

　「甘食」は戦前から「何時でも二人くつ着き合つて居る仲よしのこと。二個合せた食パンから来た語である」（『かくし言葉の字引』1929年）。しかし、女学生は仲良しを限定して「新婚の御夫妻」（「現代女学生隠し言葉辞典」）と新婚夫婦の意で使った。今では甘食を知らない人もいるくらいだから、この隠語も消えて

いったのも無理はない。

「シュークリーム」は「心の弱い人。意志の薄弱な人」（「現代女学生隠し言葉辞典」）のことで、外の皮も中のクリームも柔らかいから。

「オーソリティ」は「本来の意味は権威者であるが隠語としては、ぶる人、えらがる人」（「現代女学生隠し言葉辞典」）、偉そうに見せかける人、高慢ちきな人のこと。

「こり」は「狐狸」で人を化かすから、「不良少年や不良少女の事」（「現代女学生隠し言葉辞典」）。

以上「アイスクリーム」「甘食」「シュークリーム」「オーソリティ」「こり」はいかにも当時の女学生が隠語として使用していそうな語ばかりである。いずれも単語としては現在もあるが、このような隠語の意味で使われることはない。

◉電気会社の社長──はげ頭

「現代女学生隠し言葉辞典」の中に人の容姿のことがよく出てくる。中でもはげ頭、はげ頭の先生の隠語が目立つ。傑作なのが「電気会社の社長」だ。引用すると「完全にはげた先生、はげた程度により副社長、重役、課長、事務員などと、それぞれ区別してゐる。」とある。ということは「電気会社の社長」以外に「電気会社の副社長」「電気会社の重役」「電気会社の課長」「電気会社の事務員」が隠語にあるということだ。女学生がくすっと笑う姿が思い浮かぶ。

そのほか、はげ頭を意味する隠語に「アーク燈」「天橋立」「おぼろ月夜」「シャ

（植田由香　画）　　　電気会社の社長たち

ンデリヤ」「二銭銅貨」がある。「アーク燈」は「頭のハゲタ先生の謂」(「現代女学生隠し言葉辞典」)で「電気会社の社長」と同意。アーク燈は白熱の強烈な光を放つ。明治から戦前まで公園・街路・駅・活動写真館などで用いられた。「天橋立」は「はげたおつむりの形容語」(同)という。天橋立を毛が1本と見たのか。「おぼろ月夜」は「おつむりの毛が薄き形容語」(同)。かすんで光が薄い月から連想したもの。「シャンデリヤ」は「頭のはげさん」(同)。光っているからだ。これはわかりやすい。「二銭銅貨」は「頭の真中にハゲアル人の形容語」。二銭銅貨は1874〜1953年に使用された銅貨。今で言う円形脱毛症や日本髪を結う女性のはげのこと。

●面積──足の太い人

さらに女学生は容姿をいろいろと批判的に隠語にして言う。「現代女学生隠し言葉辞典」に「樽柿」がある。「太つてゐる人、たる柿のやうな人の意。」とある。最近は樽柿も知らない若い人が多いから、女子高校生などは使わない。また「トンシャン」と「〜シャン」の一種がある。「豚のやうに肥つた人。青森地方の女学校で目下流行語。」と言う。「豚美人」とはひどいものだ。その反対が「カトレーンシャン」。「スタイルシヤンのこと。ジヤックカトレーンがスタイルがいゝところから。」言う。「面積」は「足の太い人の事。足の面積があるからであらう。」と言う。やせている人は「はりがね」と言う。

顔の悪口もある。「衛生美人」は「醜婦の事を言ふ、顔は悪いが、体が丈夫だといふ意味。」、「ザンギリ」は「断髪の不美人、美人でない人が毛を切つて居ると断髪とは云はないでザンギリと云ふ。」と美人にだけ「断髪」と言い、そうでない人は明治時代の「ザンギリ」と言う。

●塩豆──節約家

女学生はさらに人の性格や行動を隠語にしている。「塩豆」とは「経済家のこと、何から何まで豆々しくやるから」。「塩豆」でなくてもよさそうなものだが、当時、おやつに塩豆がよく食べられていたことから言うのだろう。「ひろめや」は「自家宣伝ばかりする人、我田引水ばかりやる人」で、広目屋は今で言うチンドン屋のこと。「フグ」は「すぐ怒る人」。これはわかりやすい。すぐふくれるからだ。「ラウドスピーカー」は「ほらふきのこと。何んでも高声機の様に物を大きく云ふか

ら」。「ラジオのお化け」とは「新しがりやのこと、最近流行の隠語である」。ラジオ放送が始まったのは1925年のこと。この隠語辞典が書かれた1年前のことだから、こういう隠語が生まれたのだった。

以上挙げた戦前の女学生隠語はいずれも消えていった。その理由は比喩によるもので、元のことばが今ではよくわからなかったり、使わなくなったりしたためだ。現代の女子高校生の隠語はこういう比喩によるものは少なく、直接的表現で、婉曲的なものはない。

7.5　旧海軍の隠語

反社会的集団でもなく、かといって社会的集団でもない、被拘束集団がある。一般社会と隔絶した集団であり、あらゆることが命令のもとに画一的に行われる集団だ。それは何かと言えば軍隊だ。日本には戦前、陸軍と海軍があったが、ここでは海軍を取り上げる。先の女学校が女のことばなら、海軍のは男のことばだ。

1872年に海軍省が設置され、イギリス式を採用した。翌年からイギリス海軍の教官の指導を受け、ジェントルマン教育が始まった。そのため、海軍は当初からイギリス海軍の精神や用語が入り、英語訛り、あるいは和製英語が使われた。特に海軍士官は日常会話に好んで英語、アルファベットを使った隠語を使用した。エリート意識がそこにはあった。詳細は拙著『集団語の研究　上巻』（2009年、東京堂出版）を参照。

海軍は構成員が男ばかりで、普段、外は海ばかりという洋上の戦闘集団だ。たまに上陸が許されたときには花街にくり込むことが多かった。特に士官は性に関することばを下の兵たちに聞かれてはまずいので隠語にして話した。その際、本来の英語とは違う和製英語になった語やアルファベットの頭字語を使用した。

◉ウオーターアップ──性に関する隠語

そこで問題。次にクイズ形式で出題しよう。左のことばの意味を右のa〜eから選べ。

ウオーターアップ	a	強姦
スクリーン	b	梅毒
ハンモック	c	パイパン
フォース	d	水揚げ

　プラム　　　　　　　　　　　e　処女膜

　正解　「ウオーターアップ」は d、「スクリーン」は e、「ハンモック」は c、「フォース」は a、「プラム」は b。

　「ウオーターアップ」は和製英語で、「水」はウオーター、「揚げる」はアップという幼稚な造語だ。「スクリーン」は幕だから処女膜を指す。「ハンモック」は手が込んでいる。軍艦のハンモックに寝るのは自分の部屋を持っていない兵だ。部屋がない→ヘヤーがない→無毛→パイパンという連想。「フォース」は力ずくでする強姦だから。「プラム」は梅毒の梅がプラムだから。ちなみに淋病は「アール（R)」。淋病の頭音から。性病は「シック」。病気の sick から。

●レス──料亭

　海軍士官が利用する料亭は隠語で言い表していた。英語に直訳したり、それを略語にしたりした。「レス」は「レストラン」の略で、料亭のこと。「海軍レス」とも言われ、海軍専用の料亭であった。実際は食事だけではなかったことは言うまでもない。待合は「ウエイチング」、略して「チング」とも言った。遊郭は「ピーハウ」。娼婦 prostitute の頭文字 P と「ハウス」の略から成る。置屋・芸者屋は「エスハウ」。芸者の singer の頭文字 S と「ハウス」の略から成る。

　次に具体的に各港にあった料亭の隠語をあげてみよう。「アルファ」は佐世保のいろは楼。「いろは」の「い」はギリシャ語のアルファベットのはじめの「α」に当たるから。また「川」とも言った。いろは楼のそばに小さな川があったからだ。「山」は佐世保の万松楼。「川」に対して「山」だから。

　「グッド」は呉の吉川。「吉」→良し→グッドというものだ。「フラワー」は呉の華山。華→花→フラワーというものだ。「ロック」は呉の岩越。岩は英語でロックだから。

　「ゴーイング」は横須賀のいくよ。「パイン」は横須賀の小松。松は英語でパインだから。「フィッシュ」は横須賀の魚勝。

　「ホワイト」は舞鶴の白糸。白はホワイトだから。

　また、海軍士官は芸者や酌婦など料亭や待合に関係する人を隠語にしていた。芸者が「エス」。singer の頭文字から。妾は「コーン」。英語 concubine の略。「セカンド」とも言う。女将は「ゴッド」。女将→神→ god というものだ。玄人の女は「ブラック」、素人の女は「ホワイト」、半玄人は「セミブラック」と言う。女

は「ウー」。「ウーマン」の略。手の込んだものは「コーペル」だ。お嬢さんの意。令嬢→ドーター→銅→copper→コーペルという具合。酌婦は「スケール」と言う。酌→尺→scaleというしゃれである。

　いずれもエリート士官の割には幼稚な隠語で、まるで中学生が造ったかのようである。

●MMK——もててもててこまる

　2007年に「KY」（空気が読めない）という若者語が一般の流行語になった。このようなアルファベットの頭字語は初めてではない。海軍士官はアルファベットの頭文字を隠語として使っていた。その代表が「MMK」で、もててもててこまるの意。これなどは後、1950年代の男子学生語でもあり、さらにまた近年の女子高校生の語でもあった。歴史は繰り返す。このような3字から成る例は珍しく、多くは1字または2字から成る。先にも述べたように海軍士官の隠語「P」は娼婦、「R」は淋病、「S」は芸者。「F」はふられること。「G」は私娼。gentle voiceから。「M」はもてること。「N」はのろけ。「FU」はふんどし。「BA」はばばあ。「BU」はブス。「OD」はおでん。「KI」はキス。「KA」はかかあで、妻。「KG」はケジラミ。「KU」は糞。

　隠語を列挙したが、「MMK」以外はいずれも消えていったのは海軍という組織がなくなったからである。また、それに関係する職業も場所もなくなったからである。

ま　と　め

隠語が消えていった理由は次の通り。

①スリの隠語は一般の人々の生活、交通手段などが変化したため。

②僧侶の隠語は飲酒、肉食を忌むことがなくなってきたため。

③戦前の女学生隠語は比喩によるもので、比喩に使われた元のことばやものが今ではよくわからなかったり、使わなくなったりしたため。

④旧海軍の士官の隠語は海軍という組織がなくなったため。またそれに関係する職業も場所もなくなったため。

第8章

「馬の爪」
── 業界用語が消えたワケ

　「業界用語」とは集団語の下位分類で、ある職業的集団に共通して使われる職業上の通用語である。職業上の利便性のために、あるいは遊び心で発生したことばを指し、必ずしも正式な専門語とは限らず、むしろそうでないほうが多い。職業的集団の中には製造業・流通業・小売業・接客サービス業・金融業・保険業・運輸業・通信業・マスコミ・芸能・スポーツ・官庁・警察など、さまざまな業種・職種が存在している。職業的集団は歴史の長さ、組織化の度合、また集団意識にも差があるため、業界用語と言っても集団により、その志向・使用する語種・造語法などにかなり違いが見られる。たとえばデパート業界は江戸時代の呉服屋の伝統を受け継ぎ、古い語を使用しているが、ホテル業界や航空業界は新しい業界で英語を好み、病院業界の医者たちは英語でカルテを書く現代でも患者にわからないようにドイツ語を隠語のように使う。

　なお、詳しくは業界用語のような職業的集団の語以外に、反社会的集団の語、被拘束集団の語、学生集団の語、趣味娯楽集団の語などを総括した集団語を研究した拙著『集団語の研究　上巻』(2009 年、東京堂出版) を参照のこと。

　では、次に消えていった業界用語を見てみよう。

8.1　馬の爪 ── 警察用語

　警察はその多くが現場の捜査に関係しているので、それに関係する用語が多い。その中で形・色・状態などの転義にもとづく語や連想によるなぞなぞ式の語が多い。刑事用語は特にそうだ。

　そこで問題。次にクイズ形式で出題しよう。左のことばの意味を右の a ～ d から選べ。

邯鄲師
（かんたんし）

a　犯人が誰かわかること

牛の爪

b　すぐに捕まるどじな犯人

馬の爪

c　宿泊客の睡眠中に金品を盗む泥棒

月夜のカニ

d　犯人が誰かわからないこと

　正解　「邯鄲師」はc、「牛の爪」はa、「馬の爪」はd、「月夜のカニ」はb。

　「邯鄲師」は中国の故事「邯鄲の夢」から、宿泊客の睡眠中に金品を盗む泥棒のこと。元刑事の中山咸男（しげお）『刑事（デカ）の真髄』第二編（1986年、立花書房）に「どうして刑事部屋ではこんな苔むした古い言葉がまかり通っているのだろう。先輩はかくいう。「犯罪手口や捜査用語に使われている言葉の中には古いものがまま残っている。それらは、おそらく遠く旧幕時代の与力・同心や目明しが使っていたものだろう。（略）」とあり、その中に「邯鄲師」がある。

　「牛の爪」は牛の爪が割れているから、犯人が誰かわかること。「馬の爪」は馬の爪が割れていないから、犯人が誰かわからないこと。「月夜のカニ」は明るくて見えるから、すぐに捕まるどじな犯人のこと。『刑事の真髄』に「このような含みのある旧い言葉は今や死語となりつつある。」とあり、これらはなぞなぞのような古いことばで、隠語のようなことばであり、警察用語（特に刑事用語）からどんどん消えていっている。これはプロ意識が薄れ、サラリーマン化した警察内の風潮と関係している（岩崎多津夫「警察のことば」『月刊ことば』1977年11月号、英潮社）。

　その他、「マグロ」（尾が切られて並べられているマグロの姿が轢死体に似てい

馬の爪……？

牛の爪！！

（ぷりも　画）

るところから轢死体）・「ドリンク」（ノミ行為）・「亀」（痴漢。出歯亀から）・「う
どん」（捕縄）・「金平糖」（飛び散った血痕）・「鳥かご」（留置場）・「馬の脚」（平
の刑事）・「曾根崎」（心中）などがあるが、「マグロ」「ドリンク」「亀」以外は消
えていくのではないか。

　これに対して新たに生まれた用語もある。それらの中にはアルファベットの頭
文字を使ったものがある。「PC」（パトカー）・「PS」（交番）・「CD」（泳がせ捜査）・
「S」（スパイ）・「B」、「G」（暴力団）などがある。

8.2　OB──医療業界用語

　医療業界は医療の性質上、業界用語が多い所である。近年は英語になったが、
以前はドイツ語が教育の場でも現場でも幅を利かせていた。それは明治初期、ド
イツ医学の信奉者であった相良知安が政府にドイツ医学を採用するように建白書
を提出し、採用されたためだ。ドイツ語教育とドイツ医学によって日本の医師は
ドイツ語を現場で使用していた。しかし、今は英語とアメリカ医学が世界を制し
ているため、日本の医師も英語へと移った。

　ドイツ語から英語に移行しているため、ドイツ語を使わず、日本語を使ったり
英語を使ったりして、業界用語に新旧がある。言い換えれば、ドイツ語が消えて
いった。米山公啓『医者語・ナース語』（1993 年、アドア出版、引用は徳間文庫）
に「デュルック（ドイツ語 Blutdruck）ともいっていたが、普通「血圧」と日本
語でいうようになっている。テレビドラマでデュルックなどとあまり使わない専
門用語が出てくると、脚本を書いている作家の年齢がわかるというものである」
とあるように、以前「ドゥルック」が使用されていたが、今は「血圧」が一般的
になった。同様に「エルブレ」（ドイツ語 Erbrechen の略）から「嘔吐」に変化
している。さらに「OB」（オーベー。異常なしの意）が「n.p.」（エヌピー）になっ
ている。

　しかし、医師がドイツ語から英語へと移行しているのに対して、看護師は、近
年英語も増えてきてはいるが、相変わらずドイツ語隠語を使用しているという。
では正しいドイツ語の知識を持っているかというとそうではない。看護師の多く
は大卒ではなく、ドイツ語を外国語として学習していない。職場で医師とともに
働くため覚え使うようになったのである。

　このようにドイツ語が医療現場で隠語として使用されるようになった背景には

先の歴史的背景以外に、患者や家族に聞かれたり理解されたりしては都合が悪い内容（病状・病名）を隠すのに都合がいいからである。たとえば、「死ぬ」は避けたいことばなので、「ステル」（ドイツ語 sterben 死ぬ）と言い、「子宮癌」は「ウテクレ」（ウテはドイツ語 Uterin で子宮、クレはドイツ語 Krebs で癌）、ヒステリーは「ハーイプシロン」（ドイツ語の Hysterie の H のドイツ語読みと y のギリシャ語読み）と言う。英語に移行してきてもドイツ語は隠語として使用されている。

　医療業界用語がドイツ語や英語をもとにした語で、隠す意図があるのに対して、警察用語はあまりそれがないという違いがある。また、医療業界用語は外来語が非常に多いのに対し、警察用語は外来語が少なく、和語が多いという違いがある。一方、医療業界用語がドイツ語から英語に移行しているため、古いドイツ語系の用語が新しい英語系の用語に追いやられる傾向があるように、前時代の古いなぞなぞ式の警察用語も廃れる傾向にある。

8.3　縦読み・横読み——銀行用語

　銀行には「さつかん」という業界用語がある。札を勘定すること。「札勘」だ。それには「縦勘」「縦読み」と「横勘」「横読み」の2種類がある。「縦勘」は札を縦に積み上げて少しずらしてぺらぺらめくりながら1枚1枚勘定する作業。「縦読み」とも言う。一方、「横勘」は札を扇形に開いて数枚ずつ素早く勘定する作業。「横読み」とも言う。これらの用語が消えつつある。なぜなら最近はもっぱら機械で勘定するからだ。『DIME』（1990 年 11 月 1 日号）に「「ところが、最近はもっぱら機械で数えるので、"サッカン"する行員はあまりいない」（埼玉銀行・君島克徳氏）だから、"横読み"や"縦読み"のようなお札の数え方を表わす言葉も少しずつ姿を消す運命にあるのだ。」とある通りである。

　また、1970 年代に銀行業界には客を馬鹿にしたような隠語があり、反省してか見直しが始まった。三和銀行（当時）は「言い換え手引書」を作って行員に配布した。内容は

　A：行内外共に使ってはならない用語

　B：業務上、行員同士の使用は多少はやむを得ないが、お客には絶対使ってはならない用語

　C：今後検討するが、当面使う時は注意する用語

に分けた。A、B に属する語に「いちげん客」、「飛び込み客」（初めての客）・「ちょ

弥生時代って，どんな時代だったのか？

農耕社会が成立し広がったと考えられている弥生時代。しかし，北では続縄文文化が，南では貝塚後期文化が米作を選択することなく並行して続いていくなど，決して一様ではなかった弥生時代を歴博の最新の研究をもとに生き生きと描き出す。

近年，土葬に火葬，ホール葬の広がり，身内が行なっていた葬儀を第三者が行なうなど，葬送墓制が大きく変化してきた。それは，遺体，遺骨，死に対する日本人の観念まで変えつつある。その多様な変化を，歴博の最新の研究をもとに示す。

考古学研究での自然科学の役割を青銅器の化学分析から究明。〔内容〕日韓の青銅器と原料の産地推定／青銅祭器の自然科学分析／古墳出土製品からみた日韓関係／国産銅鉛原材料の産出地と使用開始時期／理化学的分析からみた日本の銭貨生産。

朝鮮半島の古代石碑文化が古代日本の文字文化に与えた影響を解明する。〔内容〕朝鮮半島古代の石碑文化／古代日本における石碑文化受容と展開／宇治橋断碑の研究と復元／新羅の地方社会と仏教信仰結社／資料:古代朝鮮諸国と古代日本の石碑

社会の多様性と言語との相関，多様な展開を見せる社会言語学の広がりと発展，そして次代への新たな方向を示す。〔内容〕言語による対人関係の構築，言語の相互行為，コミュニケーションの諸側面，言語と社会制度，社会の構築物など。

人間がいかにして言語を獲得・処理していくのかを，音声・音韻の獲得，単語・語彙の獲得，文理解・統語の獲得，語用の理解と獲得，言語獲得と五つの章で，心理言語学を初めて学ぶ学生にも理解できるよう日本語と英語を対照しながら解説。

英語と日本語の歴史的変化をタイポロジーの視点から捉える。〔内容〕日本語史概観，英語史概観，音変化，韻律論の歴史，書記体系の変遷，形態変化，語彙の変遷，統語変化，意味変化・語用論の変化，言語変化のメカニズム

語用論の中心課題である，言語表現とコミュニケーションの場の解明，特に意味伝達のプロセスを解明するシリーズ。第1巻では，意味理論，語用論理論をもとに語の多義性を分析し，歴史的意味変化や，借用の過程で生じる意味変化を扱う。

対話において，話し手は聞き手に何らかの情報を伝達するが，また両者の知識や感情により，言語表現の本来の意味が変化する。本巻では対話表現の問題とその代表である法表現，婉曲表現，談話標識，配慮表現などの基礎と応用を取り扱う。

発話は文字通りの意味だけでなく話し手の意図が言外の意味として伝えられ，それは聞き手の推論により了解される。第3巻では，意図の了解，推論の仕組み・発話解釈の問題，様々な発話表現，ポライトネスなどの語用論的能力の働きを解説。

世界各地の神話を神話学の歴史とともに学ぶ。〔内容〕聖書／ギリシャとローマ／アメリカ／ゲルマンとケルト／ペルシャとインド／メソポタミアとエジプト／オセアニア／日本・アイヌ・琉球／アフリカと北ユーラシア／東南・東アジア／他

日本語ライブラリー
誰にでも親しめる新しい日本語学

日本語教育をコミュニケーションの観点からやさしく解説する。日本語を教えるひと，研究するひとのための，日本語教育の未来へ向けたメッセージ。〔内容〕日本語とは何か／日本語教育の実践・研究／日本語教育と日本語教育学

日本語の語(ことば)を学問的に探究するための入門テキスト。〔内容〕語の構造と分類／さまざまな語彙(使用語彙・語彙調査・数詞・身体語彙ほか)／ことばの歴史(語源・造語・語種ほか)／ことばと社会(方言・集団語・敬語ほか)

日本語・日本文学・日本史学に必須の，漢籍・日本の漢文資料の読み方を初歩から解説する。〔内容〕訓読法／修辞／漢字音／漢籍を読む／日本の漢詩文／史書／説話／日記・書簡／古記録／近世漢文／近代漢文／和刻本／ヲコト点／助字／ほか

日本語と中国語を比較対照し，特徴を探る。〔内容〕代名詞／動詞・形容詞／数量詞／主語・述語／アスペクトとテンス／態／比較文／モダリティー／共起／敬語／日中同形語／親族語彙／声調／擬音語・擬態語／ことわざ・慣用句／漢字の数

日韓対照研究により両者の特徴を再発見。韓国語運用能力向上にも最適。〔内容〕代名詞／活用／助詞／用言／モダリティー／ボイス／アスペクトとテンス／副詞／共起関係／敬語／漢語／親族語彙／類義語／擬声・擬態語／漢字音／身体言語

外来の言語の語彙を取り入れる「借用」をキーワードに，日本語にとりいれられてきた外来語と外国語の中に外来語として定着した日本語を分析する。異文化交流による日本語の発展と変容，日本と日本語の国際社会における位置づけを考える。

文章とは何か，その構成・性質・用途に最適な表現技法を概説する教科書。表層的なテクニックを身につけるのでなく，日々流入する情報を的確に取得し，また読み手に伝えていくための文章表現の技法を解説し，コミュニケーション力を高める。

音声・音韻を概説。日本語の音構造上の傾向や特色を知ることで，語彙・語史まで幅広く学べるテキスト。〔内容〕言語と音／音声／音節とモーラ／アクセント／イントネーションとプロミネンス／音韻史／方言／語形と音変化／語形変化

現代日本語で大きな役割を果たす「漢語」とは何か，その本質を学ぶことで，より良い日本語の理解と運用を目指す。〔内容〕出自からみた漢語／語形からみた漢語／語構成からみた漢語／文字からみた漢語／意味からみた漢語

漢字の歴史，文字としての特徴，アジアの各地で遂げた発展を概観。〔内容〕成り立ちからみた漢字／形からみた漢字／音からみた漢字／みた漢字／表記からみた漢字／社会からみた（日本，中国・香港・台湾，韓国，ベトナ〔

んぼ」、「そろち」（そろばん違い。計算違い）・「こべる」（検算する）・「転がし」（手形書き換えの継続）・「握り」（手形や小切手が決済できず翌日まわしにして入金待ちのこと）・「ひげ」（付箋）などがある。Cに属する語に「ネゴ」（買い取り）・「残証」（残高証明書）・「中解」（途中解約）などがある。

　これらの隠語を追放しようとする動きの直接のきっかけは当時の差別語追放の風潮によるが、その底流には銀行業界の大衆化キャンペーンがある。

8.4　せこをふかす——寄席楽屋用語

　以前、師匠のもとに弟子入りした者は師匠の家に住み込み、生活を共にした。寄席楽屋用語はここで伝承されていた。しかし、近年、住み込みの内弟子がほとんどいなくなったため、古い寄席楽屋用語は消えていっている。三遊亭円丈がインターネットのHP「ついに出た楽屋で使う真打用語集05年版」に「よく楽屋用語集なんて時々ネットで見る。しかし、当の芸人が楽屋で聞いたコトないような用語がある」と書き、「寄席すずめ」（意味不明。寄席に関するおしゃべりか）・「甘金」（すぐに何でも笑う客）・「金ちゃん」（客）・「せこをふかす」（大便をする）を挙げている。

　「寄席すずめ」は「噺家40年やってるけど、楽屋で一度も聞いたことはねえぞ。言わねえよ。そんな言葉。楽屋じゃ誰も使わない」という。

　「甘金」は同上によれば「直ぐなんでも笑う客を「甘金」と言うが、ここ20年聞かないね。今のお客さんはそんなに甘くない。きっと甘金がいなくなって楽屋でつかわなくなったのかね？」とある。

　「金ちゃん」は同上によれば「お客さんのことを「金ちゃん」と言うけど、これももう10年聞かないね。大体、お客さんを金ちゃんなんて失礼だよね。まあ、絶滅する楽屋用語だね」とある。

　「せこをふかす」は同上によれば「うんこするコトを「せこをふかす」！もう20年聞いていない。」とある。

　この現象は芸人意識の違いや客種の違いがそうさせているのだろう。

8.5　勧進帳——新聞業界用語

　新聞業界は明治以降とそれほど古くはないが、もう使われなくなった語がある。その代表が「勧進帳」だ。これは原稿締め切り時間が迫り、現場で原稿を書く

時間がないとき、記者がメモを拾い読みしながら電話で原稿を送ること。パソコンで原稿が送れる時代になり、「勧進帳」は消えた。

「全舷」は新聞記者の慰安旅行のことで、戦争中のことばを避けたため、消えていった。

「夜討ち朝駆け」は記者が深夜や早朝に関係者宅を訪問して取材すること。記者のあり方が変化したため、これも消えていった。

ま　と　め

業界用語が消えていった理由は次の通り。ただし、業界ごとに理由は違う。

①警察用語（刑事用語）は警察（刑事）がサラリーマン化したため。

②医療業界用語は古いドイツ語系の用語が新しい英語系の用語に追いやられる傾向にあるが、これは医学教育がドイツ語から英語に移行しているため。

③銀行業界用語は機械化や差別用語追放運動のため。

④寄席楽屋用語は住み込みの内弟子が減ったため。

⑤新聞業界用語は通信手段の発達、戦争中のことばの忌避、記者のあり方の変化など様々な理由がある。

第9章

「人三化七」
── 卑罵表現が消えたワケ

俗語の中に人を罵る罵倒語（罵倒表現）や悪態をつく悪態語（悪態表現）がある。これらをまとめて「卑罵表現」と呼ぶことにすると、これは昔からある。中でも夏目漱石の『坊っちゃん』（1906年）の中で、坊っちゃんが山嵐に悪態のことばを教えているくだりが有名だ。

　　ハイカラ野郎の、ペテン師の、イカサマ師の、猫被りの、香具師の、モヽンガーの、岡つ引きの、わんわん泣けば犬も同然な奴とでも云ふがいゝ

ここには現代では使わない卑罵表現がある。やくざや落語の世界では残っているかもしれないが、一般人は使わない。

また、舟橋聖一『ある女の遠景』猫と泉の遠景・2（1961年）に性行為中に男が女を罵倒する場面が出てくる。

　　彼は愛の交換のさ中でも、嗄がれ声で、

　　「この阿魔」とか、

　　「ど助平」とか、

　　「地獄──」とか叫び出す。それは故意である。そういう悪態をつかれることで、女の心に起る特有な作用や影響を狙っている。

　　（略）

　　維子は醒めてから、

　　「阿魔って何よ」

　　と訊くと、彼は顔を火照らせて、

　　「ごめんよ」

　　と、あやまる。

　　「阿魔は、尼法師の尼でしょう。貝を捕りに水に潜る海女も海女ね。家の近

所のフランス人のところへ来る通勤女中のことも、阿媽さんとも云ってるわ。それとも、アマチュアのアマかしら」

維子は冗談めかしたが、まだ小学校の頃、近くの悪童らに囲まれて、

「おい、阿魔っ子」だの、

「おい、阿魔っちょ、阿魔っちょ」

などと冷やかされて泣いてしまったことはある。その言葉を、ひどい辱しめと聞いたのである。だから維子がはじめて、泉中に、

「この阿魔」

と云われたとき、いつまでもそれにこだわって、家へ帰ってから、古い辞書をあけて見たら（後略）

「ど助平」は今でも使うが、「阿魔」「阿魔っ子」「阿魔っちょ」「地獄」はほとんど聞かない。江戸時代の助六のような悪態をつく表現は近代以降、減少し続けている。卑罵表現が貧困なのは現代的な現象である。以前、大学生が知らない卑罵表現を調べたときに、あがった表現に「あばずれ」「ウドの大木」「おかちめんこ」「おかめ」「おたんちん」「キ印」「すっとこどっこい」「すれっからし」「だんつく」「でくのぼう」「ててなしご」「とうへんぼく」「ばいた」「パン助」「非国民」「ひょうろくだま」などがあった。

そこで以下に消えていった卑罵表現をいくつか取り上げてみよう。

9.1　容姿をあざけることば

●人三化七

女性の顔の醜さを表すことばと言えば、現代では「ブス」を思い浮かべるだろう。では、戦前は何と言っていたか。明治時代なら「人三化七」と言った。『三省堂国語辞典　第 7 版』（2014 年）には「古風・俗」と注記がある。『明鏡国語辞典　第 2 版』（2010 年）や『岩波国語辞典　第 7 版』（2009 年）にも載せているが、特に注記していない。これを現代語として載せるのはどうかと思う。「人三化七」は人間の要素が三分、化け物の要素が七分というまともに見られぬ顔を言う。なんとも強烈な表現だ。坪内逍遙『当世書生気質』第 2 回（1885 ～ 1886 年）に「人素三分。化素七分」という表現が出てくる。

「人三化七」の例を見ると、『読売新聞』（1876 年 6 月 14 日）に「此観音の境内ハ麦湯が盛りで人三ばけ七ぐらゐの女が否な声で「お寄なはいおかけなは

（植田由香 画）　　　　　　　　　　人三化七

い」、ナント御座がさめます。」とあり、骨皮道人（こっぴどうじん）『稽古演説』第二十席（1888 年）に「縮緬のお羽織にシカモ開花風の束髪で人三化七兼樽柿の共進会ハチト御注意あつて然るべく様に存じました」と女性のご面相をくそみそに言っている。『大阪滑稽新聞』第 7 号（1909 年）に「追々其盲目的な愛の熱度が冷却し、あんな人三化七を女房にして居なくとも美い女は世間に掃く程あるとか、あんなヒョットコを亭主にして居なくとも男旱（おとこひでり）が為はしまいしとかいふ考へが互の心に起つて」と「人三化七」に対して「ひょっとこ」が出てくる。『東京語辞典』（1917 年）にも出ており、東京の下町っ子の悪い洒落だろう。戦後の例では石坂洋次郎『石中先生行状記』夫婦貯金の巻・2（1949 〜 1950 年）に「人三化七という御面相の女だらう」と使われているが、今では消えていった語となった。槌田満文『明治大正風俗語典』（1979 年、角川書店）に「人三化七」の解説があり、明治大正語の死語の代表例であろう。

　では、なぜ消えていったのだろうか。まず、全般的に言えることは、社会階層が均質化したためである。江戸時代や戦前のような社会階層がはっきりしている社会では階層の区別・差別があり、当然、見下したり、それに反発したりする卑罵表現は多かった。しかし、現代のような平等な横並びの社会、一億が中流意識を持つ社会では本音を出さず、うわべを飾るため、卑罵表現は減る。特に社会の中心的役割を担う人々は社会から言動が監視されているため、自制し、卑罵表現は使わなくなる。「人三化七」というあからさまな強烈なことばが消えていくのは当然だろう。

　次に戦後の男女平等、近年の男女対等意識から消えていったと考えられる。戦後の民主憲法のもとで、男女平等の改革が進められ、1990 年代以降は、特に男

女対等意識が強くなった。女性は男性中心社会に多くの「ノー」をつきつけている。男性が女性に向かって言う「女のくせに」「女の出る幕ではない」「女だてらに」「売れ残り」などの蔑視・不快語の卑罵表現の不当さを訴えている。

　卑罵表現は過去、男性が主に使ってきた。女性は口を慎むべしとの考えからだった。しかし、このように男女平等、男女対等意識が強くなり、男性は女性に卑罵表現を使うことが少なくなり、女性は逆に男性のことばをまねて、卑罵表現を使う人も出て来た。

◉おかちめんこ

　「おかちめんこ」は女性の顔がつぶれたような醜い顔、また、その女性を指す蔑称だ。『三省堂国語辞典　第7版』に「俗」の注記があって、「器量の悪い女。ぶす。〔女性を悪く言うことば〕」とある。しかし、『明鏡国語辞典　第2版』や『岩波国語辞典　第7版』にはこの語は掲載されていない。死語と考えたのだろうか。

　私が小学生の頃（約50年前）、母がよく「おかちめんこ」と言っていたのを覚えている。しかし、ここ20、30年はほとんど聞かなくなった。

　語源は宮城県の雄勝町から産出する雄勝石で作ったメンコがぶつかってつぶれたところからきたらしい。雄勝石は黒色だから、ぺちゃんこの色黒の顔ということだろう。メンコはぶつけて遊ぶから彫った顔がつぶれて人間の顔かわからないくらいのひどい顔のことか。「人三化七」も人の顔ではない。

　「おかちめんこ」がいつから使われ始めたのか未詳だが、手元にある一番古い用例は徳川夢声『漫談集』見習諸勇列伝の巻（1929年）に「おかちめんこに到つては何んのことだか語義は解らないが、とに角さう子供から呶鳴られた先生の顔をヨク〳〵見ると、成る程、うまいッ！　まさに、おかちめんこなのである。決して他の何物でもない。何う見ても、彼はおかちめんこなのである。」とある。しかし、この例は「彼」と言っているので、男性の顔だ。これは例外で、他の用例はすべて女性だ。山田洋次『男はつらいよ①』（1991年）に「そこにさくらみたいなオカチメンコが」と使われている。

　「おかちめんこ」が消えていった一般的な理由は先に述べたので置いておいて、「おかちめんこ」が顔のどういうさまを表しているのか不明なために消えていったのではないか。また、6音節と長めのことばだから、あまりインパクトがないために消えていったのだろうか。

●おかめ・おたふく

　江戸時代から女性の醜い顔をあざけった語に「おかめ」「おたふく」がある。両語とももともとお面の顔を指していたが、そのような顔、またそのような女性をあざけることばになった。しかし、これらも消えていった語だ。ただ、『三省堂国語辞典　第7版』をはじめ国語辞典には掲載されており、「古風」の注記はないが、女性の顔をあざけることばとしてはもう何年も聞いたことがない。ただし、縁日ではおかめ、ひょっとこのお面が売られてはいる。

　さて、「おかめ」「おたふく」とはどんな顔か。国語辞典ではいずれも「おかめ」は「おたふく」と同じことを指している。丸顔で額が広く前に張り出し、頬がふくれていて、鼻がぺしゃんこの顔だ。「おたふく豆」「おたふく風邪」から想像がつくと思う。「おかめうどん」「おかめそば」は湯葉・蒲鉾・松茸・麩・海苔などをおかめの面のように並べたうどん、そばを指す。考案したのは東京のそば屋の太田屋。

　『滑稽新聞』第19号（1901年）に「おかめ　三平二満（おたふく）、お多福」と説明されている。「三平二満」はサンペイジマンと読み、江戸時代の語。おかめ＝おたふく＝三平二満というわけだ。「三平二満」はもうとっくに死語になっている。

　「おかめ」も「おたふく」も謙称としても使われた。高橋義孝『随筆合切袋』女房はおかめか（1955年、大日本雄弁会講談社）に「きれいな女房を持つてゐる友人に君の奥さんはきれいでいいなあといふと、相手はどう返答するか。「なあに、あんなおかめが」とか何とかいふにきまつてゐる。」とある。妻をほめられた夫が言う決まり文句みたいなものだった。

　「おたふく」も同様だ。石坂洋次郎『山のかなたに』留守宅（1949年）に、戦後、もと隊長の部下だった男が隊長の家に来て言う。「隊長殿は申されました。「自分の留守宅には年頃の娘が一人いる。此の者は、ハネツカエリのお多福で、至つてお粗末な娘であるが、お前よかつたら嫁にもらつてやつてくれんか」」と。

　「おかちめんこ」「おかめ」「おたふく」は今や死語となって、「ブス」「不細工」に取って代わられた。「お」がつく優しいことばでは侮蔑度が低いと考えたのか、今はストレートに言う「不細工」がおおはやりだ。

●骨皮筋衛門

　体型についてもあざけりの俗語がある。小学生の頃、やせっぽちだった私は「ほ

ねかわすじえもん」とからかわれた。私の名前の「よねかわ」と似ているため、余計に受けた。骨と皮ばかりでおもしろい俗語だ。

　この語も小型の国語辞典には掲載されていない。しかし、『社会ユーモア・モダン語辞典』（1932 年）に「骨皮筋衛門（ほねかはすぢゑもん）　痩せた人の形容」とある。戦後の例に『VAN』第 3 巻第 23 号（1948 年）に「骨皮筋衛門となりて死ぬこと必定なり」とあり、また佐藤弘人『はだか随筆』人間の適応性（1955 年、中央経済社）に「戦争中、粟だの玉蜀黍だの、いもだのを食わされて、男はみな骨皮筋衛門になったが」と使われていた。

　昔はやせっぽちが多かったが、近ごろは肥満の小学生も多く、食生活の違いからやせっぽちは減った。人名に「〜衛門」の人はいなくなったこともあって、「骨皮筋衛門」は消えていった。やせっぽちは「がりがり」と言う程度で、人名になぞらえたからかいのことばではない。しかし、最近はまったく耳にしなくなった。同様の意で「蚊とんぼ」もあったが、これも消えていった。

9.2　頭の働きをあざけることば

　顔の次に知恵の意の頭の働きがあざけりの対象になるので、以下に「あんぽんたん」「いかれぽんち」「おたんこなす・おたんちん」「クルクルパー」「左巻き」「すっとこどっこい」「ひょうろくだま」を取り上げることにする。

◉あんぽんたん

　『三省堂国語辞典　第 7 版』に「俗」の注記があり、「あほう。ばか」とある。間が抜けていて愚かなさま。また、その人を軽く馬鹿にして言うことば。江戸時代から使われているが、最近、耳にしなくなった。語源は「反魂丹（はんこんたん）」という薬のもじりという説がある。また、「あほう」を擬人化した「阿房太郎」の訛りとする説もある。

　楳垣 実（うめがきみのる）『語原随筆　猫も杓子も』（1960 年、関書院）に

　　「ばか」の異名のアンポンタンが、「安本丹」などと書かれて、いかにも薬の名みたいな姿に装われているのも、おそらく、「阿房」と「薬」とが、むかしから縁のうすいことで有名だったためかと思う。そのためか、このことばには、ほかの異名に感じられないユーモアがある。結論から先に言うと、このことばは、アホウを擬人化した「阿房太郎」の訛りではなかろうかとい

うことになる。

と後者の説を書いている。

　「あんぽんたん」は「あんぽんたん」と言われてもそんなに腹が立たない、ユーモアがあるからかいのことばだ。こういう少し優しいことばが次々に消えていっている。「あほ」「ばか」とはっきり言う時代だ。ちなみに『失われた言葉辞典』（1987年、平凡社）に取り上げられている。

●いかれぽんち

　「いかれぽんち」は『三省堂国語辞典　第7版』に「俗」の注記があり、「しっかりした考えのない、軽はずみの男」とあるが、『明鏡国語辞典　第2版』『岩波国語辞典　第7版』には立項されていない。

　この語はそもそも戦後の新しい語だった。「いかれる」と関西弁「ぽんち」（坊っちゃんの意）の変化した「ぽんち」との合成語だ。暉峻康隆『すらんぐ』（1957年、光文社）に

　　　いかれぽんち　昭和二十年八月の終戦直後から、流行しはじめた新しいスラングである。このコトバは「いかれ」と「ぽんち」から成り立っている。「いかれ」は「してやられる」という意味で、「あいつにとうとう百円いかれちゃった。」というふうに、以前から使っていた。いかれた方は、つまり間抜けのお人よしということになる。

　　　「ぽんち」は、大阪方言で「坊ちゃん」のことをいう「ぽんち」がなまったものである。（略）どこかしら抜けているお人よしの青年をいうには、まことにドンピシャである。

と書いている。

　戦後、この語を多く使った獅子文六は『自由学校』ふるさとの唄（1950年）に「うん、あのイカレ・ポンチ、まだ、つきあってる。」と使っている。小林信彦『現代〈死語〉ノート』（1997年、岩波新書）に「この年、獅子文六が新聞に連載した小説『自由学校』。風俗小説の佳作だが、〈いかれポンチ〉の戦後派青年がくり出す怪日本語が話題になった。」と『自由学校』の「いかれぽんち」が取り上げられている。

　「いかれている」は今でも言うが、「いかれぽんち」はめっきり減った。

●おたんこなす・おたんちん

　『三省堂国語辞典　第7版』は「おたんこなす」「おたんちん」を見出し語に立て、「俗」の注記をしているが、『明鏡国語辞典　第2版』は「おたんこなす」のみ見出しに立てている。『岩波国語辞典　第7版』は両語とも立項していない。これも消えていく日本語だろう。特に「おたんちん」は「おたんこなす」より早く消えていった。「おたんちん」は江戸時代の寛政・享和年間（1789 ～ 1804 年）頃、新吉原で嫌な客を指して言った遊里の流行語であった。植原路郎『明治語録』(1978 年、明治書院) に取り上げられていることばだ。

　両語ともまぬけ、のろま、ぼんやりしている人を罵って言うことばだ。今では意味を知らない人が多い。山田詠美『熱血ポンちゃんは二度ベルを鳴らす』死語復活祭はありか！？（1999 年）に「「でしょう？　喧嘩の時の啖呵には、死んでる言葉多いんですよ」「おたんこなすとか」「おたんこって何なんですかね」」と書いている。

　「おたんこなす」はできそこないのナスから来たものであろうが、意味が不明のことば、語源がわかりにくいことばは消えていく運命にある。

●クルクルパー

　「いかれぽんち」のほかに、戦後の俗語に「クルクルパー」がある。『週刊朝日』(1953 年 9 月 20 日号) に「近ごろは新造語が次から次へ製造されるが、新登場はこの「クルクルパー」。(略) 漫才が使い始めたものらしいが元祖は不明」とある。頭（知能）が足りない、正気ではないこと、またその人をからかって言うことばである。それから 40 年後の神尾葉子『花より男子①』5（1994 年）に「まだ道明寺はくるくるぱぁ状態が続行中。」と使われている。

　私の母はよくこのことばを使っていた。人差し指を立てた右手を頭の横でクルクル回転させ、次に軽く握ってパッと開くしぐさをする。1955 年当時の大学生は「クルクルパー」は「ダブルパー」とも言った。「クル」が繰り返されるので「ダブル」なのだ。

　近年、「クルクルパー」はいずれの小型の国語辞典も載せていない。類義の「脳足りん」や「脳留守」も載せていない。こういう頭の働きを悪く言う表現は遊び心があっても差別だということで消えていっているのだろう。

●左巻き

「クルクルパー」と同義の俗語に「左巻き」がある。つむじが左巻きの人は頭が悪いという俗説から。頭が悪いこと、またその人をあざけって言う。1955 年当時の大学生は「レフトクルクル」と言ってふざけた。「左巻き」は戦前からあることばで、「クルクルパー」はこれをもとにしてできた。徳田秋声『縮図』日蔭に居りて・7（1941 年）に「見てくれのよさとは反対に、頭がひどい左巻であつたりした。」と使われている。

先日 40 歳の女性に「左巻き」を知っているか尋ねたところ、知らないと返事があった。いずれの国語辞典にも掲載されているが、死語に近づいているのは語源がわからなくなったためだろう。また「クルクルパー」同様、差別意識から使わなくなったのだろう。

●すっとこどっこい

相手を罵って言う俗語に「すっとこどっこい」がある。もと馬鹿囃子の囃子ことばだ。馬鹿囃子とは東京付近で、おかめやひょっとこの面を付けて馬鹿踊りするところからついた名。馬鹿踊りとはむやみに跳ね踊る踊り。

『滑稽新聞』第 28 号（1902 年）に「スットコドッこい　デレ助さん」と明治時代からあり、平成に入っても、原田宗典『東京困惑日記』エッチで悪いか（1991 年）に「「てやんでー」「すっとこどっこいめ」」と使われている。

「すっとこどっこい」は『三省堂国語辞典　第 7 版』に「俗」の注記があるが、『明鏡国語辞典　第 2 版』『岩波国語辞典　第 7 版』には立項されていない。私は子供の頃、母に「このすっとこどっこい」と言われて怒られたものだが、腹が立たなかった。それはこの語のなんともおもしろい語感にある。決してひどく罵られているとは思えなかった。

東京生まれの沢村貞子は『わたしの台所』ひなたの雑草（1981 年、引用は光文社文庫 2006 年）に次のように書いている。

「ほどほどに……」

むかし、東京の下町で大人が若いものをたしなめるとき——よくそう言った。遊び呆けた息子が夜更けにわが家の格子戸をそっとあけると、寝まきの母親が、

「ほどほどにしておくれ」

と、小声で言った。

おだてられて調子にのった職人が、つい声高に自慢話をはじめると、後から親方に、

「ほどほどにしろ、このスットコドッコイ」と、怒鳴られた。

ここに出てくる「すっとこどっこい」は囃子ことばから出ただけあって、調子のいい響きがあり、職人に似合う。

だが、このことばも聞かなくなった。奥山益朗『消えた日本語辞典』（1993年、東京堂出版）に取り上げられており、「江戸時代からある言葉で、明治・大正時代まで続いたが、現在は余り聞かなくなった。」と書かれている。

●ひょうろくだま

間抜けな人をあざけって言う俗語に「ひょうろくだま」がある。まだ多くの国語辞典に立項されている。略して「ひょうろく」とも言う。「表六玉」と表記されることが多い。語源は不明。「六」は「宿六」「贅六」「甚六」の「六」と同じで人名につく数字。また「ろくでなし」の「ろく」にかけたかもしれない。

明治時代から使われていた語だ。「三太郎」もそうだ。骨皮道人『滑稽独演説』目当の説（1887年）に「大馬鹿の三太郎ヒョットコ漂礫玉にて」と「三太郎」と並んで使われている。戦前では『社会ユーモア・モダン語辞典』（1932年、鈴響社）に「表六玉（へうろくだま）　愚人のこと。」とある。戦後、高見順『今ひとたびの』その二（1946年）に「しやら臭えとか、生意気なとか、このひょうろく玉とか、如何にも魚屋的な下司な捨科白を挟んで」と「魚屋的の下司な捨科白」と言われている。しかし、近年、こういう野卑な俗語は嫌われるようで、消えていく運命にある。

9.3　はげ頭をあざけることば

●やかん頭

頭髪部分についてのあざけることばがいくつかある。つるつるのはげ頭のことを「やかん頭」、略して「やかん」と言った。江戸時代からあることばだ。骨皮道人『稽古演説』第一席（1888年）に「薬罐あたまを振立」、『滑稽新聞』第53号（1903年）に「やくわん　禿頭」とある。また「はげやかん」とも言った。玉川一郎『恋のトルコ風呂』アルバイト日記（1952年、東成社）に「しかも、

相手はあの禿ヤカン……ああ、いやだいやだ」とある。

　いずれの国語辞典にも「やかん」の項に出ているが、意味を知っている人は少ないし、使う者はさらに少ない。戦前の女学生隠語にははげ頭を指す俗語が多くあったことは第7章に書いた（「電気会社の社長」「アーク燈」「天橋立」「おぼろ月夜」「シャンデリヤ」「二銭銅貨」がある）。これらは狭い範囲の隠語であったので消えていったのは当然だが、「やかん（頭）」は隠語ではないのに消えていった。昔の学校にあったようなつるつるの丸いやかんはあまり目にしなくなった。電気湯沸かし器のポットが増えて、やかんが家庭にはほとんどなくなってきた。ますます「やかん（頭)」は通じなくなった。

●逆　蛍

　そのほか、つるつる光るはげ頭をからかって言う俗語に「逆蛍（ぎゃくぼたる）」がある。尻が光る蛍とは逆に頭が光るから言うしゃれ。小峰大羽『東京語辞典』（1917年）に「ぎゃくぼたる（逆蛍）「やくわんあたま」に同じ」とある。獅子文六『胡椒息子』重大事件・1（1937年）に「「おい、逆蛍！　よく光るな」「ハゲちゃん。眩しいから、むこう向いてよ」」とからかいのことばとして使われている。最近の例では谷恒生『闇呪』第1章3（2000年）に「逆ボタルの幸さんは命をねらわれっぱなしで」と使われている。

　この語は小型の国語辞典には掲載されていない。蛍を見ることがほとんどできない今、このたとえは通じなくなってきているからだろうか、この語は消えていった。

9.4 そ の 他

●ぎっちょ

　左利きのことを「ぎっちょ」または「左ぎっちょ」と言っていた。では「左ぎっちょ」とは何かと考えると、おそらく「左器用」が訛ったものであろう。ヒダリキヨウ→ヒダリギッチョ（ウ）となった。「左ぎっちょ（う）」が略されて「ぎっちょ」となったのであろう。『日本国語大辞典　第2版第11巻』（2001年、小学館）によると『日葡辞書』（1603〜1604年）に「左ぎっちょう」が出ているという。古くから使われてきた語である。戦後では、大下宇陀児（おおしたうだる）『虚像』左ギッチョ（1955年）に「うん、どうもね、子供の時分から、癖がついちまったのだ。生爪をはが

したことがあって、それから左ギッチョになったのさ」と使われている。舟橋聖一『おげんの恋』1（1957 年）に「世間には、所謂ギッチヨといつて、左利きの人は、相当あるのであるから、別段、箸を左で持つたからとて、珍しいことではない。」とある。私も小さい頃から「ぎっちょ」と言っていた。ところが 20 世紀末には不快語・蔑視語扱いになり、だんだんと使われなくなってきた。40 代の知り合いの女性に知っているか尋ねたところ知らなかった。「左利き」に対して「左ぎっちょ」「ぎっちょ」は俗語なので、改まった場では使いにくいこともあって、消えていくのではないか。

●フラッパー

おてんば娘、軽佻浮薄な娘のこと。英語 flapper から。この英語は flap から派生したもので、ばたばた羽ばたく、ばたばた動く意。ひな鳥が飛ぶ練習をするさまに似ているところから、flapper はおてんば娘を指すようになった。「フラッパー」は 1920 年代に日本に入ってきて、モダンガールなどを批判して言うモダン語であった。『モダン用語辞典』（1930 年）に「これはモダン・ガールの異名である。」とあり、『モダン語漫画辞典』（1931 年）には「移り気で、華やかで、色気も食気もタップリなお転婆姫で、盛んにイットを振り蒔いて積極的に男性を悩殺させる技倆を持つたモダンな娘でなければ、此の称号は許されないらしい。」とある。

用例を見ると、『人世漫画帖』（1933 年、大日本雄弁会講談社）に「嫁に行つた娘は丸髷の好きなクラシカルな奥様である。其の生みの母はモダンな断髪濃化粧のフラッパー式。さて二人並べて見たらどちらが娘。」とあり、戦後では源氏鶏太『三等重役』パチンコ時代・1（1951 〜 1952 年）に「典子さんには男友達がたくさんあるんです。フラッパアとの定評があります。だから結婚したら、あんまり家庭的でないかもしれません。僕はその点が心配なんです。」とある。いずれもいい意味ではない。1908 年生まれの女優の沢村貞子は『貝のうた』劇団・新築地時代（1969 年）に「十二月末の浅草公演は、長谷川如是閑氏作「大臣候補」で、私は大臣の娘という大役をもらった。劇団活動に専念することに決めた私は、一生懸命、そのフラッパー娘にとりくんだ。」と使っている。

1960 年代まではよく使われていたが、ここ何十年はほとんど使われていない。『三省堂国語辞典　第 7 版』や『岩波国語辞典　第 7 版』には立項されているが、

『新明解国語辞典　第7版』や『明鏡国語辞典　第2版』には掲載されていない。外来語は一般にしゃれたいいニュアンスの語が多いが、「フラッパー」は昭和初期のモダン語の臭いがついた語のためか、戦後は嫌われ、だんだん使われなくなった。概して昭和初期のモダン語は消えていく例が多いのは語感が悪いためか気取っているためかであろう。

ま　と　め

卑罵表現が消えていった理由は四つある。

①社会階層が均質化したから。社会階層がはっきりしている社会では卑罵表現は多いが、横並びの社会では本音を出さず、うわべを飾るため、少ない。

②男女対等意識が強くなり、男性が女性を蔑視するような表現が不当とされたから。

③語源が不明になったから。

④差別を避ける意識が生じたから。

第10章
「ヘビーをかける」
——外来語慣用句が消えたワケ

　慣用句の中に外来語が含まれているのを「外来語慣用句」と呼ぶことにする。慣用句は単語と違って、表現の定型句なので、あることを言い表すときにはこの慣用句を使うというようなことが決まっている。言ってみれば紋切り型表現でもある。こういうたぐいはあれば便利なので消えていくことはない。

　たとえば「イニシアチブをとる」「オブラートに包む」「スイッチが入る」「スクラムを組む」「スタートを切る」「ストップをかける」「テープを切る」「トップを切る」「バスに乗り遅れる」「バトンを渡す」「ピッチを上げる」「ピリオドを打つ」「フットライトを浴びる」「ブレーキがかかる」「ブレーキをかける」「ベールを脱ぐ」「メスが入る」「メスを入れる」「メッキがはげる」「ラストスパートをかける」「レッテルを貼る」などがある。

　「イニシアチブをとる」は英語 take the initiative の訳語として戦前から使われており、「オブラートに包む」の「オブラート」はドイツ語 Oblate で、戦前から。「スクラムを組む」「スタートを切る」「ストップをかける」「テープを切る」「トップを切る」「バトンを渡す」「ピッチを上げる」は戦前のスポーツから生まれた。「バスに乗り遅れる」は1940年6月、近衛文麿が新体制を確立するために出馬表明すると、各政党が新体制でいい地位にありつこうとしたときの合いことばが「バスに乗り遅れるな」であった。当時、国際情勢から取り残されるなという焦燥感から出たことばであった。転じて、時流に乗り遅れることを「バスに乗り遅れる」と言った。

　ところが、外来語慣用句の中には消えていったものがある。「ヘビーをかける」「メートルをあげる」「モーションをかける」「シャッポを脱ぐ」がそれである。以下に見ておこう。

消えていった外来語慣用句

　消えていった外来語慣用句を見てみよう。まず、クイズ形式で出題しよう。左のことばの意味を右のa〜dから選べ。

　　ヘビーをかける　　　　　a　降参する
　　メートルをあげる　　　　b　異性の気を引くような行動をする
　　モーションをかける　　　c　得意になって気炎を吐く
　　シャッポを脱ぐ　　　　　d　全力をあげて必死になってする

　正解　「ヘビーをかける」はd、「メートルをあげる」はc、「モーションをかける」はb、「シャッポを脱ぐ」はa。

●ヘビーをかける

　「ヘビーをかける」は明治時代に盛んだった学生ボートレースから出たことばで、全力をあげて必死になってオールを漕ぐことだ。『運動世界』（1898年5月15日号）の「向嶋大競漕評判記」の中に「其間に緑はズン〳〵と進んで行くので、工科は「しやァ物々しい緑め、こゝで一ツ」とヘビーを掛けて抜き出で、接触の危険を避けて進まうとしたが」と使われている。同記事には「ヘビー漕（こぎ）」「ヘビーで漕ぐ」という表現もあり、「ヘビー！」というかけ声もあった。

　その後、生徒・学生間から一般に広まり、意味も広くなり、スポーツ以外で全力を尽くす、馬力をかける意で使われるようになった。『アサヒグラフ』（1926年1月27日号）に「ナアーニ吾々が夜業をつゞけてヘビーをかけようと、大学卒業後財政学の講壇に立ち」とある。戦前までよく使われていた慣用句だ。しかし、今では使われておらず、消えていった。ただし、『岩波国語辞典　第7版』（2009年）に「ヘビー」の見出しに「「―をかける」最後の馬力をかける。（スポーツなどで）最後の激しい努力をする。」と書いている。しかし、『明鏡国語辞典　第2版』（2010年）には「ヘビーをかける」は出ていない。なお、「ヘビーをかける」と同じ意味で「ヘビる」という「る」ことばが本義でも転義でも明治末から学生間で使われた。

　では、なぜ「ヘビーをかける」が消えていったのか。最大の理由は同義句「馬力をかける」の出現である。この慣用句は大正中頃から使われ出したようで、『訂正増補　新らしい言葉の字引』（1919年）の「馬力」の見出しに「第二義としては、

精力・努力の意味に用ひ一生懸命に働くこと。例、「馬力かけて勉強する。」」と
ある。「ヘビー」は明治時代語に対して「馬力」は大正時代語で、「馬力」は「ヘ
ビー」に比べ新語である。新語に移っていっても不思議はない。また、「ヘビー
をかける」は学生スポーツ用語から始まり、その後もスポーツ用語としても使わ
れ続けていたので、一種の「におい」がついていた。そこに「馬力をかける」と
いうまだ「におい」がついていない、しかも33000ポンドの目方の物を1フィー
トの高さまで1分間差し上げる力を意味する科学用語「馬力」を用いた句が現れ
たので「ヘビーをかける」は徐々に使われなくなっていき、ついに消えていった
のだった。

●メートルをあげる

　『三省堂国語辞典　第7版』（2014年）に「メートルを上げる」を「古風」と
注記している。『明鏡国語辞典　第2版』にはこの慣用句のことがまったく記載
されていない。20年前に当時30代の男性にこの慣用句を知っているかと聞いた
ところ、知らないと言っていた。最近、50代後半の女性に知っているかを聞い
てみたところ、やはり知らないと回答があった。これらのことを考え合わせてみ
ても、現代では死語化していると言える。
　「メートル」はフランス語で計量器のこと。明治時代、小中学校ではメートル
グラスを使って液体の体積を測る実験をしていた。このメートルグラスは多くは
ガラス製で、側面にメモリがついており、液面が上がったり下がったりするのが
見えた。このメートルから、気炎を上げることを連想して「メートルをあげる」
が生まれたと考えられる。また、別の語源も考えられる。それは電灯の計量器メー
トル（現在では「メーター」）から来たか。
　「メートルを上げる」ははじめ、盛んに気炎を上げる、話す意で用いられた。
出口競『校歌ロオマンス』三高、同志社、高工（1916年、実業之日本社）に「三
高の生徒は吉田町の寵児である。ミルクホオルでメエトルを上げる。」とある。
意味がさらに変化して、酒を飲み、盛んに気炎を上げる意となり、さらに酒を盛
んに飲む意にもなった。桂月散人『絵入　大正膝栗毛』79（1924年、成光館出
版部）に「乃公の人生観は斯くの如きものだ。どうだい、乃公は現代に卓絶した、
眼識を具備してゐるだらう。まだ〰〰聞きたければいくらでもメートルを上げて
見せる。酔がチト醒め気味だが、これでウキスキーでも注射すると、怪弁滔々と

して諸君を気絶せしめるがなア。」とあり、酒を盛んに気炎を上げる意だ。水上滝太郎『大阪』3の2（1922年）に「おや、すつかり空になつてしまふた。どれ、もひとつつけて来ましたよ。こつちもメートルあげんならんオアハハハハハハ。」とあるのは酒を盛んに飲む意だ。

　では、なぜこの慣用句が消えていったのだろうか。考えられる最大の理由は「メートル」が戦後、長さの単位になったため、先の意味では不適と考えたからだろう。戦後、計量器は「メーター」と呼ぶようになったので「メーターをあげる」と言い換えもできるはずだが、それはなかった。ただし、戦前の海軍士官の隠語に「メーターをあげる」（異性に熱を上げる、性欲が昂進する意）はあった。

◉モーションをかける

　「モーションをかける」とは相手、特に異性の気を引くような行動をする、色目を使う、誘惑する意。『三省堂国語辞典　第7版』（2014年）には「古風」と注記している。『明鏡国語辞典　第2版』や『岩波国語辞典　第7版』は載せているが、特に注記していない。この慣用句もほとんど耳にしなくなった。

　この句はもともと野球投手の投げるモーションを指していたが、転用されて上記の意味に用いられるようになった。谷崎潤一郎『痴人の愛』10（1924～1925年、改造社）に「濱田、お前綺羅子にモーションをかけたのかい？」とあるのが古い。『モダン語漫画辞典』（1931年）に「近頃は異性に対して恋着を感じ、積極的に相対する前に、小当りに当つて見ることを「モーションを掛ける」と云ふ。女と見れば片つ端からモーションをかけるなんぞは、事頗る穏かならん話だが今も昔も変らぬは情痴で、何時の世でも、こんな人種は幾らもゐる。かゝる輩を指してベタ・モーとは云ふのだ。」と、近頃使われていることを述べている。実際、昭和初期には用例を多く見出せる。

　戦後も昭和30年代まではよく使われていた。それが現在では使われなくなったのはなぜだろうか。一番考えられる理由はことば自体にあるのではなく、男女のつきあい方の変化、行動の変化によるのではないか。戦前とは違い、現代では男女が公然とつきあい、「ナンパ」し、公衆の面前でキスもする。このような男女交際の自由が、それがなかった時代の「モーションをかける」に時代がかった古さを感じたからだろう。

●シャッポを脱ぐ

「シャッポを脱ぐ」については第6章の老人語のところで少し触れた。『三省堂国語辞典　第7版』（2014年）には「古風」の注記がついて「（強さやうまさをみとめて）降参する。」と書いてある。老人語と言えるだろう。

「シャッポを脱ぐ」は「兜を脱ぐ」を言い換えたもので、降参する、脱帽する意。『雄弁』（1940年1月号）に「名人の心境の遥かなる高さに、僕は完全にシヤッポを脱ぐより外はなかつた。」と戦前から使われ、戦後でも『VAN』第2巻第8号（1947年）に「フロック・コートを着て、シルク・ハットをかぶつた一人の紳士が汗だらけの馬車馬の前へまはつて、いんぎんにシヤッポをぬぎ、さて「馬君、新年おめでたう！」とやらかした。」とある。稲垣浩『ひげとちょんまげ』魂がチョン切られる（1966年、毎日新聞社）に「あとで会ったとき田島氏は「ありゃあ一本まいったね。ああうまく撮られちゃあ、切るにも切れずシャッポをぬぎましたよ」とほめられた。」とある。くだけた話しことばの中に使われていた。その後、『朝日新聞』（1980年9月13日朝刊・大阪本社）に「スポーツ好きの米国人は強い者には無条件でシャッポを脱ぐようなところがある。」と使われていた。ところが最近はほとんど見聞きしなくなった。

なぜ「シャッポを脱ぐ」が消えていこうとしているのだろうか。考えられる理由の一つは文体的低さである。「シャッポを脱ぐ」は「かぶとを脱ぐ」をしゃれて言い換えたモダン語で、当時の若者ことばと言っていい。それが一般にも広まっていき、昭和初期から戦後に使用された。この「シャッポを脱ぐ」は「かぶとを脱ぐ」に比べ、俗っぽく、軽い。インフォーマルな場面での使用に限られる点、「かぶとを脱ぐ」や「脱帽する」に劣る。そこで次第に使われなくなったのではないだろうか。

また、別の理由も考えられる。「シャッポ」は幕末に入った古い外来語で、現在の人々には古くさいにおいがするか、また意味がわからないかのどちらかである。多くの外来語に感じられる高級感、優雅さ、おしゃれ感などが「シャッポ」に感じられない。このようなことから「シャッポを脱ぐ」も使われなくなっていったのではないだろうか。

●テキにカツ

慣用句ではないが、外来語を使った句の表現に「テキにカツ」がある。これが

何を意味しているのかすぐわかる人は運動選手だろう。池田弥三郎『私の食物誌』
洋風の日本化（1980年、新潮文庫版）に次のように述べられている。

　　ビーフ・ステーキがビフテキ（関西ではビステキ）となり、さらにテキとなっ
　　たのも、カットレットがカツレツとなり、さらにカツとなったのも、それか
　　らこのテキとカツとが、戦勝を予祝して「敵に勝つ」というところから、運
　　動選手の大試合前日のたべものとなったというのも、日本化の面白い事例だ
　　ろう。

「テキにカツ」は「敵に勝つ」にかけたしゃれだが、いつ頃からこの言い方が
されるようになったのか。手元にある一番古い用例は川端康成『浅草祭』7（1934
〜1935年）に「満腹の私はせつかく名代の「敵に勝つ」を食ふ気にもなれぬし」
とある。

　戦後の例を見ると、風刺雑誌『VAN』第3巻第23号（1948年）に「日本の
兵隊には第一次世界大戦までテキにカツがつきもので当時の国民もテキにカツ位
は喰へた結構な御時世だつたが、けふ日はカツがテキへ行つちめえやがつた。」
とだじゃれを言っている。

　「テキにカツ」が成立するためにはビーフステーキ→ビフテキ→テキとカット
レット→カツレツ→カツという両語の短縮形がまず成立していなければならな
い。「テキ」「カツ」も久保田万太郎「雷門以北」（1927年）に「後にそのならび
に出来た洋食屋の「比良恵軒」、九尺間口の、寄席の下の洋食屋同然に汚かつた
その店は、中学の制服を着立てのわたしに、「カツ」だの「テキ」だの「カレエ」
だのと称するもの、「やつこ」のいかだ「中清」のかき揚以上に珍味なことをは
じめて教へてくれた店である。」と出てくる。洋食屋の略語が一般の客に広まっ
たのだろう。

　ところが、「テキ」は「ビフテキ」とも最近言わず、「ステーキ」と言うために
「テキにカツ」は一部の人にしかわからない句となってしまった。

ま　と　め

外来語慣用句が消えていった理由は次の通り。
①新しい同義（類義）句が出現したから。
②その句にある「におい」がついていたから。
③古く意味が不明だから。

④俗っぽく軽く感じられたから。

⑤慣用句に含まれている外来語の意味が変化したから。

⑥社会（男女関係・衣生活）が変化したから。

◆◆◆◆◆◆ 第11章 ◆◆◆◆◆◆

「隠し」

──一般語が消えたワケ

◆◆◆◆◆◆◆◆◆◆◆◆

　第1章～第10章は俗語を取り上げてきたが、ここで俗語ではない一般語で消えていったことばを取り上げ、その消えていったワケを考えてみることにする。

11.1　国語辞典の「古風な表現」

　まず国語辞典を見てみよう。国語辞典には「俗語」「口頭語」「古風な語」「雅語」「文語」とかいろいろ語の位相が書いてある。たとえば、『新明解国語辞典　第7版』（2012年）の「あさぼらけ」を引くと「「夜明け」の意の古風な表現」、「うちかくし」を引くと「「内ポケット」の古風な表現」と書いてある。この辞典は「古風な表現」が好きと見えて、やたらと出てくる。そこで学生に卒業論文のテーマをあてがい、調査させた（梅花女子大学日本文化創造学科4年生　石浜名津美「『新明解国語辞典　第7版』の「古風な表現」の考察」2017年1月提出）。それによると、同辞典77500項目、本文1642頁の中に「古風な表現」類は次の種類と語数があった。

①「古風な～」　909語
　　内訳：古風な表現　867語・古風な言い方　8語・古風な婉曲表現　4語・古風な口頭語的表現　11語・古風な漢語的表現　13語・古風な丁寧語　1語・古風な謙譲、丁寧語　1語・古風な敬称　2語・古風な尊敬表現　1語・古風で尊大な表現　1語

②「やや古風な～」　97語
　　内訳：やや古風な表現　81語・やや古風な言い方　8語・やや古風な口頭語的表現　4語・やや古風な俗称　1語・やや古風な異形態　1語・少し古風な表現　1語・少し古風な言い方　1語

③「古い〜」6語

　　内訳：古い表現　2語・古い学生語　1語・古い言い方　3語

④「やや古い〜」10語

　　内訳：やや古い表現　5語・やや古い言い方　5語

⑤その他　2語

　　内訳：古めかしい表現　1語・昔風の表現　1語

　①〜⑤をまとめて総称「古風な表現」と呼ぶと、延べ1024回あった。そのうち、同一語であるが、複数の意味に総称「古風な表現」が出てくる語があるので、異なり語数は1018語であった。3ページに2語の割合で総称「古風な表現」が出てくることになる。見出し語に占める割合は1.3％であった。「古風な〜」と「古い〜」との間に違いはないと思われ、また「表現」と「言い方」にも違いはないので、分類が統一されていないのではないか。また、それぞれの下位分類も錯綜している。

　次に『新明解国語辞典　第7版』の総称「古風な表現」の語を『明鏡国語辞典　第2版』（2010年）と『岩波国語辞典　第7版』（2009年）とを引いて比較したところ、3辞典とも「古風な表現」であったのはわずか14語（「いかさま」「隠し」「結句」「こうじき」「工匠」「さらば」「じゃ」「進ぜる」「先度」「殿御」「なにさま」「にょしょう」「はばかりさま」「よめじょ」）にすぎなかった。それを以下に取り上げてみよう。

1）いかさま（如何様）

『新明解国語辞典　第7版』—「いかにも・なるほど」の意の古風な表現。

『明鏡国語辞典　第2版』—〔古い言い方で〕いかにも。なるほど。

『岩波国語辞典　第7版』—なるほど。いかにも。既に古風。

　「いかさまもっともな話だ」「いかさま古そうな寺院」「いかさまさもありなん」などの言い方は時代劇に聞くようなかなり古風なことばであろう。

2）隠し

『新明解国語辞典　第7版』—「ポケット」の意の古風な表現。

『明鏡国語辞典　第2版』—〔古い言い方で〕ポケット。

『岩波国語辞典　第 7 版』―ポケット。既に古風。

「洋服の隠し」「内隠し」などと使ったが、今では外来語「ポケット」と言う。「隠し」は 40 代以下には通じない。死語に近い。

3) けっく（結句）

『新明解国語辞典　第 7 版』―「結局」のやや古風な表現。

『明鏡国語辞典　第 2 版』―〔やや古い言い方で〕あげくのはて。結局。

『岩波国語辞典　第 7 版』―結局。挙句に。既に古風。

「結句不首尾に終わった」「結句困るのは自分だ」などと使ったが、「やや古風」どころか「既に古風」なことばではないか。

4) こうじき（高直）

『新明解国語辞典　第 7 版』―「高価」の意の古風な表現。

『明鏡国語辞典　第 2 版』―〔古い言い方で〕値段が高いこと。高値。

『岩波国語辞典　第 7 版』―値（＝直）が高いこと。高価。既に古風。

「こうじき」と聞いて意味がわかる人はどれほどいるだろうか。完全に消えていった語であろう。「中学生から年配者まで」「新語に強い」を売り文句にしている『三省堂国語辞典　第 7 版』（2014 年）には掲載されていない。

5) こうしょう（工匠）

『新明解国語辞典　第 7 版』―「大工や細工師などの職人」の意の古風な表現。

『明鏡国語辞典　第 2 版』―〔古い言い方で〕工作物を作る職人。大工・細工師など。たくみ。

『岩波国語辞典　第 7 版』―工作（や建築）を業とする人。職人。既に古風。

「工匠」は話しことばではなく書きことばである。『三省堂国語辞典　第 7 版』は「文語」としている。書きことばとしても「古風」であろう。

6) さらば

『新明解国語辞典　第 7 版』―「それでは・それなら」の意の古風な表現。

『明鏡国語辞典　第 2 版』―〔古い言い方で〕それならば。そうしたら。

『岩波国語辞典　第 7 版』―そうなら。それでは。既に古風。

「求めよ、さらば与えられん」は文語訳聖書マタイの福音書7章7節に出てくる有名な聖句であるが、現代では「求めなさい。そうすれば与えられます」と訳している（新共同訳・新改訳）。「さらば」は現代の話しことばではない。

7）じゃ

『新明解国語辞典　第7版』—断定の助動詞「だ」の意の古風な表現。また西日本方言。

『明鏡国語辞典　第2版』—「だ」の古風な、また方言的な言い方。

『岩波国語辞典　第7版』—断定の意を表す。古風な言い方。

　共通語では「古風」であり、『三省堂国語辞典　第7版』には「小説・劇などでは、老人や昔の人、博士（ハカセ）などのことばづかい」と書いており、役割語としては残っている。また、「じゃ」は西日本方言で今も使われている。

8）進ぜる

『新明解国語辞典　第7版』—「差し上げる」意の古風な表現。

『明鏡国語辞典　第2版』—古風な言い方。

『岩波国語辞典　第7版』—「進ずる」の見出しに「古風な言い方」。

　「書いて進ぜましょう」「教えて進ぜよう」などは時代劇に出てくることばで、役割語としてはあるが、日常の話しことばとしては使わない。

9）せんど（先度）

『新明解国語辞典　第7版』—「せんだって」の意の古風な表現。

『明鏡国語辞典　第2版』—〔古風な言い方で〕さきごろ。せんだって。

『岩波国語辞典　第7版』—さきごろ。せんだって。先日。古風な語。

　「先度はお世話になりました」と使われていたが、今はあまり聞かれなくなった。『三省堂国語辞典　第7版』には見出しに立項されていない。

10）とのご（殿御）

『新明解国語辞典　第7版』—女性が愛情関係にある男性を指して言う敬称。〔やや古風な表現〕

『明鏡国語辞典　第2版』—〔古風な言い方で〕女性が男性に対していう敬称。

『岩波国語辞典　第7版』—女が男を敬って呼ぶ語。既に古風。
現在は「殿御」よりも「殿方」のほうが使われている。

11）なにさま（何様）

『新明解国語辞典　第7版』—「なにしろ」の意の古風な表現。

『明鏡国語辞典　第2版』—〔古い言い方で〕心の中でそれと納得するさま。なるほど。いかにも。

『岩波国語辞典　第7版』—何としても全く。古風な言い方。

「なにさまかなわぬ」「なにさまそんなこともあろう」などと使うが、「古風」であろう。

12）にょしょう（女性）

『新明解国語辞典　第7版』—「女性」の意の古風な表現。

『明鏡国語辞典　第2版』—〔古風な言い方で〕女の人。じょせい。

『岩波国語辞典　第7版』—婦人。女子。既に古風。

「にょしょうの身」などと使うが、時代劇のようなきわめて限られた場面で使われる語で、現在では日常では通じないであろう。

13）はばかりさま（憚り様）

『新明解国語辞典　第7版』—人に世話になった（手数をわずらわせた）時に感謝の気持を込めて言う挨拶の言葉。〔古風な表現〕

『明鏡国語辞典　第2版』—〔やや古い言い方で〕①他人の手をわずらわせたときなどに言う、あいさつの語。恐れ入ります。ご苦労さま。②相手の非難やからかいに対し、軽い皮肉を込めて言い返すときなどに言う語。

『岩波国語辞典　第7版』—①他人に世話になった時に言う語。恐れ入ります。②相手の言葉に対して皮肉をこめて答える時に言う語。お気の毒さま。古風な言い方。

「はばかりさま」は「古風」ではあるが、まだ耳にする。なお、便所の意の「はばかり」は高齢者でも言わない。

14）よめじょ（嫁女）

『新明解国語辞典　第7版』—「よめ」の意の古風な表現。

『明鏡国語辞典　第2版』—〔古風な言い方で〕嫁。

『岩波国語辞典　第7版』—よめ。かなり古風。

　「よめじょ」は消えていった語であろう。今では「よめ」と言う。また敬称の「よめご（嫁御）」も消えていって、今では「お嫁さん」と言う。

　以上14語を見たが、おおむね消えていく、あるいは消えていった語と言える。では代わりに何と言ったのか。「いかさま」→「いかにも」、「隠し」→「ポケット」、「結句」→「結局」、「こうじき」→「高価・高値」、「工匠」→「職人」、「さらば」→「それでは・それなら・そうすれば」、「じゃ」→「だ」、「進ぜる」→「差し上げる」、「先度」→「せんだって」、「なにさま」→「なにしろ・なるほど」、「にょしょう」→「じょせい」、「はばかりさま」→「恐れ入ります・お気の毒さま」、「よめじょ」→「よめ」となる。「殿御」だけは代わりの語が存在しないのは、そのことばが生まれる男女観が変化したためである。男性を「殿」「殿方」と呼ぶようなことは男女平等の社会に合わない。ただし、旅館や料亭の便所や風呂場などにはいまだに「殿方」の表示はある。

　次に上記の14語を除く、『新明解国語辞典　第7版』の総称「古風な表現」が、『明鏡国語辞典　第2版』にも古風な言い方として共通している語があるかを調べたところ、94語があった。共通率は1割以下であった。いくつか例を挙げると「あいじゃく（愛着）」「あがなう（購う）」「あくた（芥）」「あさげ（朝餉）」「あまた（数多）」「あまもよい（雨催い）」「あんき（安気）」「いざとい」「いずれもさま」「いっかど（一廉）」「うちかくし（内隠し）」「かいな（腕）」「くぜつ（口舌）」「こうか（後架）」「こつじき（乞食）」「ごにち（後日）」「されば」「しょうこく（生国）」「そやつ」「てづま（手妻）」「ないしつ（内室）」「ひるげ（昼餉）」「まいない（賄）」「やぜん（夜前）」「ゆうげ（夕餉）」「ゆきがた（行き方）」などがある。

　「あいじゃく」は『三省堂国語辞典　第7版』の見出し語にはないが、「あいちゃく」の中に「あいじゃく〔古風〕」とある。「あさげ」「ひるげ」「ゆうげ」「あんき」「いずれもさま」「されば」「そやつ」「てづま」「ゆきがた」は『三省堂国語辞典　第7版』に「古風」とある。「あまもよい」「いざとい」「いっかど」「うちかくし」「こうか」「こつじき」は『三省堂国語辞典　第7版』に見出しがない。これらの

うち掲載されていない語が消えていった語と言えるのではないか。また「古風」な語もやがて消えていく候補語である。いずれも堅い漢語や文章語などである。

　『新明解国語辞典　第7版』の総称「古風な表現」の語が『明鏡国語辞典　第2版』に見出しとして立項もされていないのを数えると262語あった。これらも消えていった語の候補であろう。例を一部あげておく。

> 「あいけい（愛敬）」「<u>あきゅうど</u>」「あとしき（跡式）」「委する」「いほう（医方）」「うえぼうそう」「おおとし（大年）」「かけっくら」「<u>かろがろしい</u>」「きびしょ」「げんかんし（玄関子）」「こぎる（小切る）」「こわいい（強飯）」「<u>こんにちさま</u>」「<u>しずもる</u>」「<u>しんじょ</u>（寝所）」「<u>すぎわい</u>」「せんちゅう（箋注）」「そはい（鼠輩）」「たいほう（大方）」「てりあめ（照り雨）」「とのばら」「とばかり」「とりあげばば（取り上げ婆）」「なからい」「にんにん（人人）」「はんじつ（半日）」「ひとがましい」「ひらび（平日）」「まえかた（前方））」「みんしょ（民庶）」「もりっこ（守っ子）」「<u>やみやみ</u>」「<u>よのぎ</u>（余の儀）」「りょよう（旅用）」など。

　下線をつけた語は『三省堂国語辞典　第7版』に見出しがある語である。したがって、下線の語を除いた語が消えていった語の最有力候補と言える。これらが消えて代わりに何と言っているかを見よう。「あいけい（愛敬）」→「敬愛」、「あとしき（跡式）」→「家督相続」、「委する」→「任せる」、「いほう（医方）」→「医術」、「うえぼうそう」→「種痘」、「おおとし（大年）」→「おおみそか」、「かけっくら」→「かけっこ」、「きびしょ」→「きゅうす」、「げんかんし（玄関子）」→「玄関番」、「こぎる（小切る）」→「値切る」、「こわいい（強飯）」→「おこわ」、「せんちゅう（箋注）」→「注釈」、「そはい（鼠輩）」→「つまらない者」、「たいほう（大方）」→「おおかた」、「てりあめ（照り雨）」→「天気雨・狐の嫁入り・日照り雨」、「とばかり」→「少しの間」、「とりあげばば（取り上げ婆）」→「産婆」→「助産婦」→「助産師」、「なからい」→「仲間」、「にんにん（人人）」→「それぞれ」、「はんじつ（半日）」→「はんにち」、「ひとがましい」→「ひとかど」、「ひらび（平日）」→「へいじつ」、「まえかた（前方）」→「以前」、「みんしょ（民庶）」→「庶民」、「もりっこ（守っ子）」→「子守の子供」、「りょよう（旅用）」→「旅費」となる。「とのばら」を除いて代わりが存在している。

　「古風な表現」以外に『新明解国語辞典　第7版』には「古くは〜」という記

述がある。一例を挙げると、見出し「ハンカチ」の説明に「古くは、ハンケチ」
とある。同辞典第 4 版（1989 年）には見出し「ハンカチ」の説明に「老人語は、
ハンケチ」とあったので、「古くは」＝老人語であろう。「ハンケチ」→「ハンカ
チ」に変化したため、現在では古風な語、あるいは消えていった語と言えよう。

11.2　20 年前に死語として挙げられたことば

　以前、大阪府の老人大学（当時の名称）で講義を担当していたことがあり、老
人語や死語の話をしたのがきっかけで、何人かの方が文章を送ってくださった
（1997 年 4 月）。以下に例を挙げながら、彼らが老人語や死語と思っていたこと
ばを 3 語取り上げてみよう。

　「ライスカレー」は『三省堂国語辞典　第 7 版』には「古風」とある。藤岡光
江さん（当時 63 歳、東京生まれの東京育ち）が 1943 年に栃木県の片田舎に疎開
した時の思い出を語っている。

> 　その日「東京っ子がくっから（来るから）ライスカレーさ　つぐっぺ（作ろ
> う）」と叔母が作ってくれた夕食は純和風のライスカレーであった。どうし
> てこんなに黄色いのだろうと思われる程黄色く、じゃがいも、人参、玉ねぎ
> の乱切りがゴロゴロ顔を出している肉なしのカレーであった。

　拙著『女子大生からみた老人語辞典』（1995 年）にも「ライスカレー」を掲載
した。学生が「カレーやん。ライスカレーなんて言わへんわ」と言っていたのを
今でも覚えている。「ライスカレー」の名称はすでに『米欧回覧実記』（1877 年）
に見られ、国語辞典では『日本大辞書』（1892 年）に登録されている。名付け親
が札幌農学校で教えたクラーク博士という説があるがあやしい。昭和初期にはデ
パートの食堂の花形メニューとなった。

　「水おしろい」は『新明解国語辞典　第 7 版』にあるが、『三省堂国語辞典　第
7 版』『岩波国語辞典　第 7 版』『明鏡国語辞典　第 2 版』にはない。池田明義さ
ん（当時 73 歳）は「水おしろい」の思い出を次のように書いている。

> 　女性は外出時化粧する時、鏡台の前に坐って諸肌脱いで咽喉の周りから肩、
> 背中にかけて白く塗りたくった（時代劇の女役の化粧もあまり変わらぬ？）。
> 夫婦で外出するとき、母の化粧はそのため約一時間、父は新聞を読みながら
> ずっと待たされていた光景を想い出す。

今や「水おしろい」は消えていった。

「蚊帳」は国語辞典に今も立項されているが、知らない人は多い。たとえば『新明解国語辞典　第7版』には「寝室につりさげて蚊を防ぐ、目の細かい網のおおい」とある。死語辞典類にはしばしば取り上げられている。中野千浪さん（当時67歳）は次のように書いている。

> 一般的なのは木綿糸でガーゼ状におられた緑色（萌葱）の布で、上部を赤い布で縫い合わせ、長方形の立体に仕上げたもの。四畳半用、六畳用、八畳用というように部屋に合わせた大きさがある。我が家にあったのは白地で裾の方が青くぼかしに染められた本麻で、ずっしりとした手応えがあった。部屋の四隅と中央部二本の計六本の吊り紐に蚊帳についている円形の金具をかけてバランスよく吊り上げる。団扇で裾を扇いで、蚊が逃げ去った隙にさっと中に入る。暑さのさなかなのに、何となく涼しげな空間、縁側に蚊取り線香のポッと赤い火が見える。雷が鳴ると、昼間でも蚊帳を吊り、中へ逃げ込む。こうするとお臍を取られずにすむと言われていた。

私も昭和30年代に蚊帳で寝ていたことを覚えている。蚊が減ったこと、洋室にベッドの生活が一般化したことなどの変化があり、「蚊帳」は物自体もことばも消えていった。

11.3　一般語の死語化の理由

　一般語が死語になるのは歴史的理由・社会的理由・言語的理由・言語感覚的理由がある。

◉歴史的理由

　歴史的理由にはいくつかの種類がある。

　第一に事物の変化である。たとえば法の改正により「尺貫法」は職人の世界を除いて消えていった。1尺や1寸や1間が何センチか、1貫が何グラムかということは常識のことではなくなった。「一寸法師」を「ちょっと法師」と読む笑えぬことや「寸足らず」の語源がわからないなどが起きている。「尺をとる」も不明になりつつある。

　また機能形態の変化もある。万年筆のようにスペアインクの取り替えで「インキ壺」は不要となり、消えていった。「無声映画」は「トーキー」の出現によって消えていった。事物の普及により、「電気冷蔵庫」とわざわざ「電気」をつけ

た語は消えていった。小さい頃「氷冷蔵庫」を使っていたが、「電気冷蔵庫」が出現し、普及して「冷蔵庫」は電気が当たり前になったからである。事物の消滅により、「ゲートル」「国民服」「国民酒場」「カストリ」「防空壕」「外食券」「衣料切符」「木炭自動車」「汽車」（今では SL と言う）「国鉄」「進駐軍」「MP」「赤線」「街頭テレビ」「スフ」「仙花紙」などは消えていった。

　第二に文化の変化、たとえば西洋化に伴う変化により、「姉さまかぶり」「雪駄」「腰巻き」「ちゃぶ台」「行水」「涼み台」「へっつい」「寝間」「蚊帳」「長持」「膳」「膳越し」「菜越し」「箸なまり」などの衣食住に関することばは消えていった。また、明治時代から戦前までは演説、演説会が盛んで、特に自由民権運動、国会開設、その後、政治小説による演説の掲載、「滑稽演説」と称される本も出版されるほど、明治前半は演説が流行した。演説の聴衆は賛成の時には「ヒヤヒヤ」と叫び、反対の時には「ノーノー」と叫んだ。しかし、「ヒヤヒヤ」「ノーノー」は死語となり消えていった。

　第三に人の変化、たとえば家族制度が変わり、核家族化して「隠居」「ばあや」「乳母」「下男下女」などは消えていき、職業の消滅により「おわい屋」「屑屋」「くみ取り屋」「桂庵」「三助」「車夫」「立ちん坊」「万屋」などは消えていった。

　ひげをはやすことがはやらなくなってひげの名称の語「ナマズひげ」「ドジョウひげ」「天神ひげ」「ナポレオンひげ」「カイゼルひげ」などが消えていった。明治の官員は「ナマズひげ」「ドジョウひげ」をはやし、教育家は「天神ひげ」をはやし、軍人は「ナポレオンひげ」「カイゼルひげ」をはやした。ひげはその人の職業を表すことが多かった過去から、姿形で職業を表すことをしなくなった現代では当然のことであろう。

　恋愛観・結婚観の変化により、「媒酌結婚」「友愛結婚」などの語も消えていった。「媒酌結婚」とは見合結婚のことで、明治時代から戦後すぐまで使われていた。与謝野晶子「平塚さんと私の論争」（1918 年）に「むしろ一面に媒酌結婚が頑強な勢力を持つて居ればこそ、他面には恋愛結婚に対する憧憬が欝然として盛んな機運を作らうとしつゝあり」と「恋愛結婚」の対義語として使われていた。媒酌結婚の斡旋業が「媒酌倶楽部」である。跡見女学校は「媒酌学校」の異名があったという。

　一方、「友愛結婚」は英語 companionate marriage の訳語で、アメリカの少年・家庭判事リンゼイの提唱する結婚説。産児制限を条件とする結婚形態で、実際は

家庭を持たず、性関係のみを持つ結婚である。「友愛結婚」は昭和初期に日本に入って来て話題になった。大宅壮一「新台風を見る―友愛結婚と日本―」（1930 年）に「かくてこれまで家庭的愉楽の源泉であり、幸福のかすがひであつた子供も、資本主義末期の社会においては、怨恨と呪詛の対象となり、遂に子供を抜きにした結婚生活が考案せられ、実行せられ、理論づけられて、明るみへ持ち出されるにいたつたのである。それが即ち「友愛結婚」である。」と述べている。

●社会的理由

　次に社会的理由の第一は、戦後、民主主義社会になり、主権在民、個人の尊重、個人の自由が唱えられ、天皇の絶対性は否定された。そこで「平民」「華族」「下女」「小作農」「水呑百姓」は消えていった。

　第二に豊かな社会の出現で、高度経済成長により物質的に豊かな社会になって、「こじき」「ひもじい」「苦学生」「貧民」「浮浪児」「もく拾い」「ルンペン」は消えていった。

　第三にボーダーレス社会の出現である。高度経済成長の結果、消費社会に移行し、従来の「まじめ」「努力」「勤勉」や男性中心の価値観や規範が崩壊し、個人がそれぞれの価値観で行動する社会になった。そのような中で「滅私奉公」「貞操」「偕老同穴」「地震雷火事親父」は消えていった。

　第四に男女平等社会の出現である。男性中心から男女対等、男女共同参画社会へと移り、「男勝り」「家人」「深窓の令嬢」「ウーマンリブ」は消えていった。

　第五に経済的に豊かになり、物が満ちあふれる社会になって子供は外で体を動かして遊ばなくなった。小沢昭一『むかし噺うきよ噺』第二部・原っぱ（1998 年、新潮社）に

> 　　むかしの子供は、草でも木でも地面でも何でもみんな遊び道具にしてしまいます。野球のバットはただの棒っ切れ、縄とびの縄は拾ってきた藁縄です。いえ、何もなくたって十分遊べました。
>
> 　　相撲、兵隊ごっこ、チャンバラごっこ、水雷艦長、悪漢探偵、アウト鬼、押しくら、馬跳び、あの子が欲しい、かごめかごめ、何処ゆき……などなど、遊びを列挙してたらキリがありません。

と書いているとおりで、「兵隊ごっこ」「チャンバラごっこ」「水雷艦長」「悪漢探偵」「アウト鬼」「押しくら」「馬跳び」「かごめかごめ」「何処ゆき」などの遊戯

のことばは消えていった。

●言語的理由

言語的理由は語の新旧の問題で、従来の古い語に対して新しい言い方が出てき
て、古い語は消えていく。消えていく理由は元の語の意味が古くさかったり、語
感が悪かったり、あるいはあとから新しい外来語が入ってきて新鮮な、高級な語
感に惹かれたりする場合が多い。「逢い引き」→「ランデブー」→「デート」、「エ
アガール」→「スチュワーデス」→「キャビンアテンダント・フライトアテンダ
ント・客室乗務員・CA」、「共同便所」→「公衆便所」、「探偵小説」→「推理小説」、
「かわや・はばかり・ご不浄・手水」→「便所」→「WC」→「トイレ・手洗い」、
「乳当て・乳押さえ・乳バンド」→「ブラジャー」、「国鉄」→「JR」、「黒めがね」
→「サングラス」、「総天然色」→「カラー」、「BG」→「OL」、「サック・ルーデサッ
ク」→「コンドーム」、「横風」→「横柄」、「女給仕」→「女ボーイ」→「ウエイ
トレス」、「外套」→「オーバー・コート」、「気働き」→「気配り」、「しだらない」
→「だらしない」、「自働電話」→「公衆電話」、「蒸気ポンプ」→「消防車」、「昇
降機」→「エレベーター」、「女中」→「お手伝いさん・接客係」、「神経衰弱」→
「ノイローゼ」、「水練」→「水泳」、「擦りつけ木」→「マッチ」、「手風琴」→「ア
コーディオン」、「唐物屋」→「洋品店」、「寝間」→「寝室」、「乗合自動車」→「バ
ス」、「旗日」→「祝日」、「人さらい」→「誘拐」、「火熨斗(ひのし)」→「アイロン」、「広
め屋」→「チンドン屋」、「職業野球」→「プロ野球」など、前者が古い語、後者
が新しい語で、前者は消えていった。具体例を挙げれば、源氏鶏太『男と女の世
の中』子守唄・三（1962 年）に

「ああ、あんたは、ここの女中さんなのね」

「女中だなんていわないで頂戴。近頃では、お手伝いさんということになっ
ているんですからね」

とあるように、「女中」→「お手伝いさん」と言い換えられたことが言われている。

「ハンケチ」→「ハンカチ」のように語源は同一であるが、母音が変化して別
語形になった例がある。「キッス」→「キス」も同様で、促音がなくなった例で
ある。

また国語辞典の「古風な表現」で取り上げたように、堅い漢語や文章語は消え
ていく。

この中でアルファベットの頭文字を使った一般語でもっとも古い語である「WC」を取り上げることにする。学生語や海軍の士官のことばにはこの種の頭字語はあったが、一般語ではなく、限られた集団のことばであった。しかし、「WC」は 1960 年代までは掲示でも口頭でも使われた一般語であった。私が収集した用例で一番古いのは末広鉄腸『西洋見物　唖の旅行』汽車中の便所不明（1888 年）で「貴方は汽車の内に W.C. のあるのを……」と話しことばに用いている。大正では寺田寅彦「写生紀行」（1922 年）に「構外の WC へ行つて」と駅のトイレを指している。昭和に入って、谷脇素文『川柳漫画　いのちの洗濯』街頭小景（1930年、大日本雄弁会講談社）に「男一匹　待たさるゝ　ダブルシー」という川柳があり、漫画に「WC」の掲示が見える。武田麟太郎編『学生生活短篇集』（1937 年、矢の倉書店）に掲載された藤沢恒夫「仙人掌のやうに」に「先生、西洋の公園のWC は水洗式ですか？」と話す学生のことばが書いてある。戦後では源氏鶏太『三等重役』マダムの女房・二（1951 ～ 1952 年）に「若原君、僕はちょっと WC に寄ってからいくことにする」と話しことばに使っている。戦後広まったと書いているものがあるが、戦前から話しことばでしばしば使われていた。「WC」は頭文字なので遊び心が働いて、トイレをいろいろ言い換えていった。『訂正増補新らしい言葉の字引』（1919 年）の「ウォーター・クロセット」に「一部学生間では W と C をもぢつて少し綺麗に云はうとして、ウエルカム・クラブ（Welcome-club）歓迎倶楽部などと云つてゐる連中もある」とあり、『現代新語辞典』（1931 年）の「W・C」には「W・C なる言葉は今日では余り普及したので、W・C へ行く時そのイニシアル（その項参照）が同じなのを幸ひワシントン会議（Washington Conference）へ行くのだの、早稲田倶楽部（Waseda Club）へ行くだのと云ふ洒落者が多い。」と書いている。

　以上から「WC」は昭和初期にはかなり普及していたらしい。それにもかかわらず「WC」が廃れていった一番大きな原因は東京オリンピックの開催（1964 年）で、男性トイレと女性トイレを「WC」を掲示せず、ピクトグラム（絵文字のサイン）で表示したことである。

●言語感覚的理由

　言語感覚的理由は語感の問題である。たとえば、「支那」「女中」「かたわ」「勝手つんぼ」「土人」「土民」「露助」「トルコ風呂」などの差別語は意識や語感の悪

さから消えていった。

ま　と　め

　一般語が消えていった理由は次の通りである。

①歴史的理由にはいくつかの種類がある。

　　第一に事物の変化・機能形態の変化・事物の普及による。

　　第二に文化の変化、たとえば西洋化に伴う変化による。

　　第三に人の変化、たとえば家族制度の変化、職業の消滅による。

②社会的理由にはいくつかの種類がある。

　　第一に民主主義社会になり、主権在民、個人の尊重、個人の自由が唱えられ、天皇の絶対性は否定されたことなどによる。

　　第二に豊かな社会の出現で、高度経済成長により物質的に豊かな社会になったことによる。

　　第三にボーダーレス社会の出現による。

　　第四に男女平等社会の出現による。

③言語的理由にはいくつかの種類がある。

　　第一に語の新旧の問題で、従来の古い語に対して新しい言い方が出て来たため。

　　第二に堅い漢語や文章語だから。

　　第三に流行語は使い古され飽きられるため。

④言語感覚的理由。語感が悪いため。

第12章

「異人」

── 明治時代語が消えたワケ

　最後に時代語を取り上げることにする。1868年に明治と改元したので2018年は150年経ったことになる。「明治」がつくことばの本をわが家の書斎で探すと、『明治語録』『明治のことば』『明治のことば辞典』『明治生まれの日本語』『明治東京風俗事典』『明治大正風俗語典』『明治大正の新語・流行語』『明治大正新語俗語辞典』『明治・大正・昭和の新語・流行語辞典』などが見つかる。さらに進藤咲子『明治時代語の研究─語彙と文章─』と「明治時代語」をうたった研究書もある。この本によると「この時代は、漢語ばやりの時代であった。」(158頁)、「当時は、用語の面において、もっとも興味のある時代である。それこそ、筆者などには、地下の宝庫のような存在に思えてくるのである。」(160頁)という。

　明治生まれの新語や流行語で、明治期に限られた使用なら「明治時代語」と言っていいだろう。しかし、明治以降も大正や昭和初期まで使われたことばもある。厳密に「明治時代語」と言うことができない語も少なからずある。そもそも「明治時代」は元号での時代区分であり、学問的には意味がない区分である。百年以上も前に明治時代が終わり、今や明治時代にどんなことばがあったかは説明を要するであろう。そこで便宜的に「明治時代語」と呼び、その中から漢語と風俗語を主に取り上げることにする。なぜそれを取り上げるのかと言えば、漢語は「漢語ばやりの時代」であったからであり、風俗語はまさに明治の世相・風俗を表しているからである。

12.1 『日本国語大辞典　第2版』に立項されていない明治時代語

　反骨反権力のジャーナリスト宮武外骨（1867〜1955年）が雑誌『面白半分』第3号〜第6号（1929年）に「明治語彙」(1)〜(4)を連載している。その「明

治語彙」（1）の冒頭に「徳川時代にはなく、明治維新後に出来た新語で、今は殆ど廃語に属して居る語を集めて略註を附ける、一地方又は一部人の間には今尚行はれて居ても、一般に使用されない語は廃語と見る」と書いて171語を掲載している。ただし、見出し語ではなく、説明の中に出てくる語が別にある（「大ドンタク」「棄釈」「帰農」「欽差」「左院」「シヤツポ」「新律綱領」「須磨の浦」「待詔局」「待詔院」「バツテイラ」「ヘッつい頭」）。実際は必ずしも明治時代の新語ばかりではない。以下に列挙しておく（50音順に並び替える。表記は原文のまま。ただし振り仮名は現代仮名遣い）。

「アイス」「合乗車」「赤毛布」「赤鬚」「有平床」「暗輪船」「違式詿違条例」「異人館」「一石六斗」「一六銀行」「一等親」「右院」「牛屋」「ウンテレガン」「駅逓寮」「恵比須」「エレキ」「円助」「円太郎馬車」「お間」「おいらん酒」「応来芸者」「陸蒸気」「オッペケペー節」「オツリキ」「おはやし」「お髯さん」「音響官」「開化元服」「開化鍋」「開拓使」「改定律例」「格物学」「隠れ杉」「鍛冶橋行」「蟹行文字」「可否茶館」「かめ」「火輪車」「為替会社」「棄児院」「窮屈袋」「牛馬解放」「郷」「教導職」「教部省」「恐露病者」「挙国投票法」「金禄公債」「警視局」「警保寮」「現花燈」「県令」「元老院」「講義」「皇居」「工部省」「国事商売」「国立銀行」「五字十字」「戸長」「国会」「五二会」「権妻」「西郷札」「西郷星」「札癲癎」「散切り」「三尺棒」「三百代言」「讒謗律」「地震」「士族の商法」「島行き」「しめこ鍋」「集議院」「戎服」「閏刑」「準刻局」「蒸気車」「状師」「小便棒」「女紅場」「書籍院」「神祇省」「新聞演説会」「新聞読師」「すててこ」「摺附木」「政治性賊」「政表」「舎密学」「石室」「世態学」「造化機論」「退去者」「代言人」「太政官」「探訪者」「たむろ」「弾正台」「断訴医学」「地券」「鎮将府」「鎮台」「通商司」「艶種」「定時刊行物」「鉄砲水」「テレガラフ」「電信」「天保銭」「伝話機」「等外」「当百」「解放」「徳川の正月」「トコトンヤレ」「鮪」「弗旦」「屯所」「ドンタク」「鍋町髷」「鯰」「南京人」「二局送」「二等親」「二百三高地」「鯰公」「鯰猫」「馬車馬」「発兌」「早附木」「針金便」「半助」「半ドン」「一ツ竈」「表記学」「貧院」「風船」「不応為律」「フラフ」「併資会社」「ペラ札」「ヘラヘラ踊」「奉還金」「棒鎖」「傍聴筆記学」「ホコトン」「マンテル」「三越」「民会」「民権」「民選議院」「民部省」「民部省札」「目鏡橋」「八重襷」「厄介棒」「有心故造」「郵便役所」「洋学」「ヨカチヨロ」「寄文」「ラシヤメン」「邏卒」「拉的」「ランプ」

「煉瓦通」「祿券」

　この中にわが国最大の国語辞典である『日本国語大辞典　第2版』（2000～2002年、小学館）に見出しがない語が40語もある。そこで資料として重要なので引用しておく。

　「暗輪船」は「明治十年頃までの蒸気船は、大概水かき車が船体の外部に附き、ジヤブ〳〵と廻るのが見えて居たが、それが内部に隠れたのを珍らしがツて暗輪蒸気船と云ツた」。

　「おいらん酒」は「明治九年頃、或者が売出したビン詰のおいらん酒、マネものが多く出来、二十年頃まで大流行であった」。

　「おはやし」は「明治十年前後に流行した語である、お廃止の転訛であらう、政府の朝令暮改について「何々はまたおはやしになツた」など云ひ、それが一般に伝はり、総て「止める」といふ場合に使はれた」。

　「お髯さん」は「江戸時代には蓄髯の風習がなかったので、明治初期に於ける官吏の蓄髯を珍らしとして官吏を「お髯さん」と云ツた」と官吏のこと。

　「音響官」の説明を見ると「大学南校時代の語、通訳官のことである併せて翻訳官をも音響官と呼んだ、発声だけの官吏といふ義」とあり、通訳官のこと。

　「開化元服」は「嫁入りの娘が眉毛を剃り落さず、歯を黒く染める事もなく、白歯のまゝで、丸髷にも結ばず、島田髷で輿入れするのを西洋元服又は開化元服と称した、元服とは小供が一人並に成ツたといふ儀式である」。

　「棄児院」は「棄児を集めて養育せし所の名称、後の孤児院に似たもの、明治九年の『明八史略』にも、十三年の内務省達にも此語がある」とあり、孤児院のこと。

　「牛馬解放」は「明治五年十月、人身売買を禁ずるの主旨で娼妓芸妓解放令を出した時、牛馬に異らざる者との語があツたに拠る」。

　「恐露病者」は「明治政府の当局者が侵略主義の露西亜帝国を恐れて、外交問題に付いつも逡巡したのを罵ッた語である」。

　「挙国投票法」は「明治十三円以来唱へし普通選挙の別称である、二十一年の中江篤介著『国会論』にも「応選被選の二種を全国民に与ふこと是れ所謂普通選挙にして又挙国投票法ともいふ」とある」とあり、普通選挙のこと。

　「現花燈」は「明治七八年頃より行はれた瓦斯燈を装飾的に多く点じて、花紋を現はしたり、花文字を現はしたものを現花燈と称した、十四五年頃よりは其称

止み花瓦斯と呼んだ」とあり、花ガスのこと。

「五二会」は「全国の重要産物中より天然物を除いた織物、鋳物、陶器、漆器、米穀、塩茶等の七品に付、勧業策として前田正名が奔走して居た時の会名である、前田は五二翁とも称した」。

「西郷星」は「明治十年七八月頃、東南の空に光明を放ツ遊星が現はれたのを、英雄崇拝の妄想で俗衆が西郷星と称して騒いだ」。

「札癲癇」は「不見転芸妓をいふ、紙幣を見てひッくりかへるの義、明治十一年頃より十四五年頃までの雑誌に屢々此語が出て居る、十三年の『東京新誌』第百九十一号には「札癲癇ヲ以テ呼バル者ハ転猫ナリ」とある」と見ず転芸者のこと。

「島行き」は「江戸時代には罪人が伊豆の大島又は八丈島へ流された事を「島行き」と云ツたが、明治の初期には其流刑を北海道の獄へ送ることに変更したので「島行き」とは東京の石川島監獄へ送られる事であツた」と石川島監獄へ送られること。

「準刻局」は「内務省の内にあツて図書出版願の許否を掌ツて居た所である、準刻とは刻版を準許するの義であらう、八年十月に此局を廃して事務を同省の図書寮に移した」。

「小便棒」は「邏卒（巡査）が脇に挟んで居た三尺棒の事街路で放尿する犯則者を邏卒が努めて捕へた故の称である」と三尺棒に同じ。

「書籍院」は「今いふ図書館の事である、「書籍館」とも称した、現在の上野帝国図書館の前身は最初神田宮本町（旧湯島聖堂）にあり、明治八年五月の開場で東京書籍館と称したものである」と図書館のこと。

「新聞演説会」は「これは明治十二三年頃に行はれた語、各地の新聞記事につき批評的の演説をした会を云ツたのである」。

「新聞読師」は「新聞紙は開智の基であるとて、明治五年八九月頃、各府県庁より人民に論達を発し、新聞解話会といふのを各町村で開かせ、新聞読師といふを給料にて雇ひ入れ、文盲の者にも解し得るやう聴聞させたのである」。

「政治性賊」は「国事犯人のことである、政治的性質の逆賊といふ義」と国事犯のこと。

「政表」は「「統計」のこと、政治上の表記といふ義、明治政表といふ六冊本あり、太政官調査局編纂で十二年八月出版の『日本政表』もある」と統計のこと。

「世態学」は「社会学の事、ソシオロヂーをこれも支那で世態学と訳したのであらう、人世の発達状態を研究する学問の義」と社会学のこと。

「造化機論」は「舶来の生理学書中より男女生殖器の解剖的説明を抄訳し、それを造化機論と題して売り出したのが大いに当たり、我も〳〵と同外題の書を出版したので、造化機論といふ語が普通名詞になツた」。

「断訴医学」は「法律に関係した生理解剖薬剤等の知識で、強奸、毒殺、創傷等、裁断上の学術、後に「裁判医学」と称し、今は「法医学」」とあり、法医学のこと。

「解放（ときほどき）」は「明治五年十月の芸娼妓解放令を牛馬ときほどきと称したので、人身売買を禁じた事を「ときほどき」と云ツた」。

「徳川の正月」は「明治五年の末に大陰暦を廃して太陽暦に改めたが、田舎者は旧暦の正月を「徳川の正月」と称した」。

「弗旦（どるだん）」は「「金箱旦那」の転語「弗箱旦那」の略である金庫をドル箱と称した、妾の抱主、芸娼妓の馴染客で金を持ツた男、明治三十年頃まで行はれた語」。

「二局送（にきょくおくり）」は「警視庁の第二局は刑事検挙を主として居たので、罪人押送を二局送と称した」。

「鯰猫（ねんねこ）」は「鯰は官吏、猫は芸妓、大阪に『鯰猫珍報』といふ雑誌があツた「鯰だまして身抜はしたが、またも地震でもとの猫」。

「表記学」は「英語のスタチスチック、統計学を明治八九年頃には表記学と称して居た、其頃表記学社といふ学者の研究会所もあツた」と統計学のこと。

「不応為律」は「新律綱領や改定律例にある語、なすべからざる事をなした罪として、条文に無い事を罰する法、唐律のマネ」。

「併資会社」は「併資とは資本金を併せて出すの義で近世の合資会社といふに同じ義であるが、明治十年頃には株式会社の事である」と株式会社のこと。

「ヘラヘラ踊」は「三遊亭派の万橘といふ落語家が扇を開けて踊ツた芸、円遊のステ、コと共に明治十四五年頃都人に囃された」。

「傍聴筆記学」は「フオノグラヒー（記者術）を傍聴筆記学と称し、明治十四五年頃より流行した、後にいふ「速記法」である」と速記法のこと。

「三越」は「大阪では特殊民を下等動物に擬して四ツ足の略「四ツ」と称して居たが、自覚せる同族に憚りて密に三越（即ち四の義）と改めた」。

「八重欅（やえだやき）」は「明治十年前後、八幡の藪式（迷宮）の興行が大流行、「隠れ杉」とも云ツて杉林にしたものもあツた」。

「厄介棒」は「殺人器の刀剣、世は開化になツて廃刀令も出たので武士の魄ではなくなツた」。

「ヨカチヨロ」は「明治九年頃、東京での流行語、よろしかろうの義、越前福井の芸妓福雪が上京してヨカチヨロ節を謡ツたに始まる」。

「拉的」は「コレラ病の事、虎列拉と書いたので、其拉に精神的物質的など云ツた的を付けて新聞記者が書いた」とコレラのこと。

以上から、訳語や制度や法の改定・変更によって語の交替があったが、短期間の使用にとどまった語は『日本国語大辞典　第 2 版』にはほとんど記載されていないことがわかる。

12.2　明治時代の漢語

明治時代には「異人」「因循姑息」「鬱憂」「営養」「開化文明」「外国交際」「開明」「格物学」「過激党」「火輪車」「火輪船」「官員」「観象台」「窮理」「虚無党」「権理」「御一新」「権妻」「再発」「時鳴鐘」「社会党」「蒸気車」「星学」「造化機論」「壮士」「造物主」「蘇言機」「組織」「代言人」「探訪」「停車場」「伝話機」「内地雑居」「博言学」「爆裂弾」「万機」「万国公法」「未亡人」「文明開化」「平民」「傍聴筆記学」「民権」「邏卒」などの漢語が使われていたが、早いものでは明治の前期には使われなくなり、大正から昭和にかけて消えていった語が多くある。これらの中からいくつかを取り上げる。

●異　人

「異人」は 15 世紀に偉人の意で使われ、18 世紀には奇怪な人の意で使われ、幕末の開国の頃には異国人、外国人、主に西洋人の意で使われ出した。『日本大辞書』（1893 年）に①「普通トチガツタ人。」②「（転ジテ）英雄ナド、凡庸デナイ人。」③「グワイコクジン」、と三つの意味が書かれており、「此第二ノ外国人トノ義ハ今日ノ所ヤヤ廃語トナリカケタ。今普通ニ体裁ヨクイフ時ニハ外国人或ハ西洋人ノホカハ余リ多クイハヌ」とあり、「異人」は廃れて、代わりに「西洋人」「外国人」が使われていると言う。しかし、庶民は日常語としては「異人」「異人さん」を使っていた。島崎藤村『平和の巴里』エトランゼエ（1915 年）に「エトランゼエ（外国人）——といふ言葉は遠く東洋から旅して来たもの丶胸に一種言ひ表し難い響をもつて迫つて来ます。東京の方で銀座通なぞを歩いて居る西洋

人を見かけると、ア異人が通るナ、とよく自分で自分に言ひましたものです。」
と「異人」を使ったことが書かれている。

　童謡詩人の野口雨情の『赤い靴』（本居長世作曲、1921 年）に「赤い靴　はいて
た　女の子　異人さんに　つれられて　行っちゃった」と「異人さん」が歌わ
れている。幸田文『みそっかす』（1951 年）所収の「お客」に「日本語を話す西
洋人のお客が来た。（略）その日、その異人さんの前でお相伴させられた。」と子
供の頃の思い出が書かれている。幸田文は 1904 年生まれなので、大正のはじめ
頃のことであろう。童謡の「異人さん」と同じことばが使われている。子どもの
頃、先の童謡の「異人さん」は「いい爺さん」と思っていたという人がいた。そ
れほどなじみのないことばになっていた。

　「異人」は当時、容貌が日本人とまったく異なる西洋人、見たこともない西洋
の異なる国の人に対する恐れや驚きが混じったことばであった。

　しかし、日本画家の鏑木清方のエッセイ「明治の東京語」（1935 年）に「若
い人にはもう通用しさうのない、若しくはさうなりかけてゐるものの、さしあた
り思ひ浮んだ言葉」の中に「異人。（外人）」「女異人。（外人の女）」「異人館。（外
人の住居）」が挙げられている。昭和に入ると「異人」は通じないことばになり
かけていたことがわかる。

　今出ている国語辞典を見ると、『明鏡国語辞典　第 2 版』（2010 年）に「古風
な言い方で」、『三省堂国語辞典　第 7 版』（2014 年）に「古風」として立項され
ているが、西洋人を指して「異人（さん）」と言うことはない。なお「異人館」
は歴史的建造物につけられた名前としては「神戸異人館」などと使われ、残って
いる。

　では、なぜ「異人」が消えていったのか。それは語感の問題が一番大きいので
はないか。明治の「異人」には恐れや驚きのニュアンスが含まれている。私が
10 代の頃まで、西洋人を「外人」と言っていたのと近い。「異」が強調された「異
人」に対して、中立のニュアンスの「外国人」「西洋人」は改まった語として使
いやすかったので、徐々に「異人」が消えていった。

◉〜　党

　「過激党」「虚無党」「社会党」のような「〜党」は政党の意味ではなく、主義
主張、またその集団を意味する。その他に「ハイカラ党」があり、その後すぐに

「ハイカラ」になった。「ハイカラ党」は「コスメティック党」とも呼ばれた。「過激党」は「過激主義」「過激派」、「虚無党」は「虚無主義」、「社会党」は「社会主義」「社会主義者」のこと。現在こういう「〜党」の用法は消えていき、「主義」「主義者」「派」と言うようになった。「社会党」を見ると、小崎弘道「近世社会党ノ原因ヲ論ズ」『六合雑誌』第 7 号（1881 年）に「社会党トハ社会説ヲ主張スル者ニシテ、其説タル第一ニ主義トスル所ハ社会各自ノ所有権ヲ廃止シ、之ヲ全社会ニ共有セシムルニ在リ。」とあり、明治 10 年代は「社会説」「社会党」が使われていた。明治 20 年代になると「社会主義」が定着する。

◉官 員

　「官員」は今の公務員に当たる役人のこと。「官員」という語自体は『続日本紀』にも使われている古い語であるが、版籍奉還の後、中央官制の大改革である太政官制を設置した頃から「官員」が法令にも使われ、また一般にも使われるようになった。主に明治時代に「官員様」「官員さん」と呼ばれて使われた。明治時代のはじめは薩長土肥の士族上がりの役人ばかりで、官尊民卑の横柄な態度を取っていた。彼らはナマズひげを生やしていたところから、「官員ひげ」と呼ばれ、官員を俗に「ナマズ」と言い、その下級官吏を「ドジョウ」と呼んだ。民衆はその不満から彼らを揶揄する俗謡を歌った。そのひとつ「猫じゃ猫じゃ」（1869 年）に「猫じゃ猫じゃとおっしゃいますが　猫が猫が下駄はいて杖ついて絞りの浴衣で来るものか　オッチョコチョイノチョイチョイ」とある。当時「猫」と言えば芸者であったが、ここではひげを生やした官員を指している。同様の俗謡「官員唄」（1875 年頃）に「ひげを生やして官員ならば猫や鼠はみな官員」とあり、「オヤマカチャンリン」（1877 〜 1878 年流行）には「どじょうのお髭でぬらくらあるき　やっぱり鯰のお仲間だんべ　オヤマカチャンリン」と揶揄している。

　社会を風刺した内田魯庵『社会百面相』（1902 年）に「官吏」という章があり、「恰度四時ごろ官省の退出時刻で、今まで風のため人行の途絶えした丸之内は俄に蜘の子を散らしたやうに洋服羽織袴の一文人形然たる御官員様で一杯になつた。」と「御官員様」と皮肉っている。

　先の鏑木清方のエッセイ「明治の東京語」に「官員さん。勤め人、サラリーマン。ほんたうは官吏を云ふ。」とあり、昭和初期には通用しないか、通用しなくなったことばとなった。「官員」は公式には「官吏」、一般的には「役人」に取って代

わられたのは「官員」のひげや威張ったマイナスイメージが強く、語感が悪かったためであろう。

●権　妻

　「権妻」は妾のこと。「権的」とも言った。「権」は官名の仮・副の意で、仮の妻のこと。宮武外骨『明治奇聞』第二編（1925 年）に「明治初期の新言語（二）権妻　カリのツマ、妾の一名、戸籍に入れて二等親の格であつた、権令、権参事、権大属、権大警視、権判事などいふ官名に擬した新語である。」と述べている。鏑木清方の「明治の東京語」に「権妻。妾をいふ。二号といふのは新語だが、権妻といふのも、明治二十年前後までで、用ひた間はさう永くない。」と書いている。「権妻」は明治半ばまでで消えていったのは、妾は届け出れば二等親とする法律が 1882 年の旧刑法の施行までであったからである。それ以降、「妾」「れこ」「囲われ者」、昭和初期から「二号」と呼ばれた。

●再　発

　「再発」は現在ではサイハツと読むが、古くから明治時代まではサイホツであった。明治時代の国語辞典『言海』（1889 〜 1891 年）、『辞林』（1907 年）はサイホツである。大正時代に入って『ローマ字びき国語辞典』（1915 年）もサイホツのみ。一方、『漢英対照いろは辞典』（1888 年）、『和英大辞典』（1896 年）はサイホツとサイハツの両語を挙げている。「発」は漢音ハツ、呉音ホチ、慣用音ホツである。サイホツは呉音からの転化による慣用音読みが古くからされており、そこに新しい漢音読みサイハツがされるようになった。

●代言人

　「代言人」は弁護士のこと。福沢諭吉の造語か。1872 年制定の司法職務定制の第 10 章「証書人代書人代言人職制」の第 43 条に

　　　代言人

　　　第一　各区代言人ヲ置キ自ラ訴フル能ハサル者ノ為ニ之ニ代リ其訴ノ事情ヲ陳述シテ冤枉無カラシム

　　　但シ代言人ヲ用フルト用ヒサルトハ其本人ノ情願ニ任ス

とある。

1893 年に旧々弁護士法（明治 26 年法律第 7 号）が施行されて、1876 年司法省甲第 1 号布達代言人規則は廃止され、「代言人」の名称は廃止されて「弁護士」に変わった。同法 35 条に「現在ノ代言人ハ本法施行ノ日ヨリ 60 日以内ニ弁護士名簿ニ登録ヲ請フトキハ試験ヲ要セスシテ弁護士タルコトヲ得」と規定。「代言人」は法律の改廃により消えていった。鏑木清方の「明治の東京語」に「代言人。弁護士の前名、代言とも云つてゐた。下等なのを三百代言と云ふ。」とあり、昭和初期には通用しないか、通用しなくなったことばとなった。

●内地雑居

「内地雑居」は外国人が日本国内のどこにでも居住し得ること。幕末以来の不平等条約の改正を目指した政府は 1894 年の日英改正条約の締結で不平等条約に終止符を打ち、1899 年 7 月から改正条約が実施され、内地雑居が始まった。新聞記者の横山源之助は『内地雑居後之日本』第 1 章（1899 年）に「日清戦役によりて種々の影響を蒙り、其の国情に変化ありたる日本の国は、又候変化を受くべき事情に到着せんとす、しかも其の時期は方に本年七月に迫れり、内地雑居といふ一大事実是れなり。」とその直前のことを書いている。「内地雑居」は坪内逍遙『内地雑居未来之夢』緒言（1886 年）に「風説にきゝたる内地雑居を、今は目のあたりに見ることゝなりぬ。」と書いているように、明治前半には使われていた。1895 年生まれの版画家の川上澄生は『少々昔噺』第四十三（1936 年）に「内地雑居といふ言葉を私は小さい時から知つて居るやうな気がする。それまで居留地内に西洋人は住居して居た。居留地といふ言葉も小さい時から知つて居るやうな気がする。」と書いている。20 世紀前後には盛んに使われたことばであった。事態がそれほど問題化しなかったため、大正時代には消えていった。

●博言学

「博言学」は言語学の旧称である。英語 philology の訳語。加藤弘之「博言学に関する議案」『東京学士会院雑誌』第二編第一冊（1880 年）に「西洋近来博言学ノ一科盛ニ開ケ遠ク人類言語ノ淵源ヨリ凡地球上文野諸人種ノ言語ノ起源沿革及ビ其種類性質等ニ至ル迄概シテ探討索求スルヲ旨トス」とある。1886 年、帝国大学文科大学に博言学科が置かれた。しかし、「明治三十年ごろから言語学の名がようやく使われ始めたが、それは、博言学の名が、多くの言語に通ずるこ

とを目標とした学、という印象を与え、言語の科学をさす名称としては不適当と考えられたからである。」(『国語学辞典』)とあるとおり、「博言学」から「言語学」へ名称を変更することとなり、1899年、先の博言学科は言語学科に改称され、「博言学」はやがて消えていった。

●未亡人

「未亡人」は現在「ミボウジン」と読むが、明治時代は「ビボウジン」と読んでいた。「未」は漢音ビ、呉音ミ、「亡」は漢音ボウ、呉音モウ。この語自体は中国の『春秋左伝』に出てくる古い語であり、日本でも平安時代の資料に見られる。しかし、何と読むかはわからない。明治時代に入って「ビボウジン」と読む例が多く出てくる。須藤南翠『新粧之佳人』12(1887年)に「未亡人(ビバウジン)」、国語辞典『言海』(1889〜1891年)、『辞林』(1907年)は「ビボウジン」はあるが、「ミボウジン」は出てこない。大正時代に入って『ローマ字びき国語辞典』(1915年)、『大日本国語辞典』(1919年)にも「ビボウジン」のみ。昭和に入って『口語辞典』(1939年)も同様であった。国語辞典の規範では「ビボウジン」である。ところが、「ミボウジン」の用例は明治時代から見られる。『漢英対照いろは辞典』(1888年)や『和英大辞典』(1896年)には「ミボウジン」である。辞典以外でも『団々珍聞』第1548号(1905年)、『滑稽界』第10号(1908年)に「ミボウジン」が出てくる。ただし、『滑稽界』第8号(1908年)には「ビボウジン」もある。

「ビボウジン」「ミボウジン」は明治時代の中頃に起きた漢音・呉音の交替だけではない。『机上宝典誤用便覧』(1911年)に「なほこの語『びばうじん』と云ふべきを、大方は『みばうじん』と云つてゐる」と誤って「ミボウジン」と発音しているという。「ビ」「ミ」は子音〔b〕〔m〕の違いであるが、両者とも両唇音である。発音が似ているため〔b〕と〔m〕の交替はよくあることで、「気味が悪い」を「きびが悪い」と言ったり、「寒い」を「さぶい」と言ったりする例があることを考慮すると、本来「ビボウジン」であったが、「ビ」と「ミ」は類音のため、誤って「ミボウジン」が広まって、一般化して、本来の「ビボウジン」は消えていったのではないだろうか。

●文明開化

「文明開化」は明治初期にもっとも多くの人々が口にしたことばの一つ。

civilization の訳語で、未開・野蛮に対することば。当時は風俗をはじめとする洋風化を指して言った。幸田文『みそっかす』おばあさん（1951 年）に「おじいさんは文明開化なので牛肉をたべる。」というのがその例である。「開化文明」とも言われた。1871 年頃の俗謡に「半髪頭ヲタタイテミレバ因循姑息ノ音ガスル、惣髪頭ヲタタイテミレバ王政復古ノ音ガスル、ジャンギリ頭ヲタタイテミレバ文明開化ノ音ガスル」と歌われた。しかし、1887 年頃からの復古主義の台頭によって「文明開化」は消えていった。

●邏　卒

「邏卒（らそつ）」とは巡査のこと。1868 年 9 月 4 日の太政官布告で「邏卒取締隊」ができた。その後、1870 年に府兵を「取締組」と改め、さらに翌年に「邏卒」と改称した。しかし、1875 年に「邏卒」を廃して「巡査」が置かれた。したがって、「邏卒」は明治も初期に限定的に用いられた語であった。当時の漢語字引『新令字解』（1868 年）に「邏卒　ミマハリモノ」とある。「邏」は巡る意、「卒」は兵の意。『ことばの泉』（1898 年）や『辞林』（1907 年）には「巡査の旧称」と書かれている。

　　以上、漢語が消えていった理由を考えると、第一に「異人」や「官員」のようにことばに特種なニュアンスが含まれるから、それを避けて代わりの語に交替する場合がある。第二に「権妻」や「代言人」のように法律の改廃によって消えていく場合である。第三に「未亡人」のように似た誤った発音が普及して本来の発音が消えていく場合である。第四に「再発」のように漢音・呉音の交替によって古い音が消えていく場合である。第五に「内地雑居」や「文明開化」のように社会状況が著しく変わって消えていく場合である。

12.3　明治時代の風俗語

　　明治時代の世相・風俗を表すことばはいろいろある。「アーク燈」「アイス」「相乗り車」「赤ゲット」「吾妻（あずま）コート」「一六ドンタク」「一銭蒸汽」「イルミネーション」「牛屋（うしや）」「海老茶式部」「円太郎馬車」「オーライ芸者」「陸蒸気（おかじょうき）」「オッペケペ」「開化鍋」「角袖（かくそで）」「瓦斯燈」「ガタ馬車」「活人画」「カフェー」「カメ」「勧工場」「恐露病」「腰弁（こしべん）」「コロリ」「西郷星」「士族の商法」「しののめのストライキ」「自由廃業」「神経病」「人力車」「ステンショ」「辻車」「てけれっつのぱあ」「鉄道馬車」

「出歯亀」「どうする連」「ドジョウ」「ドロンケン」「ドン」「ドンタク」「ナマズ」
「二百三高地」「乗合馬車」「羽織ごろ」「パノラマ」「針金だより」「ビアホール」
「瘋癲病院」「ヘラヘラ節」「ホウカイ節」「魔風恋風」「マンテル」「ミルクホール」
「裸体画」「露探」など多い。この中から 10 語余りを取り上げる。

●アイス

　「アイス」とは高利貸しのこと。金貸しは高利で貸すため、江戸時代から「高
利貸し」といわれ、明治時代には「アイス」と呼ばれた。高利貸し→氷菓子→ア
イスクリーム→アイスという連想で生まれたしゃれである。したがって、はじめ
は「アイスクリーム」と呼ばれ、後に「アイス」と略されて広まった。明治時代
の学生語から出たものである。

　さて、明治時代、自由党の壮士たちが歌で自分たちの意見を主張するのを「演
歌」と言った。演歌師は街頭でバイオリンを弾いて歌詞を書いたものを販売した。
その演歌の一つ「やっつけろ節」（久田鬼石・吉田於兎作詞・曲、1889 年）に「で
れたお客と見てとれば　得意の手管で丸め込み　ぽっぽのお金を吸い取って　ひ
いきの俳優につぎ込んで　それでも足らずに高利借り　アイスクリームにせめら
れて　首も回らず青くなる　これが芸者の本分か　そんなやからは吾々が　自由
の鉄拳で　ヤッツケロー」と高利貸しの「アイスクリーム」が歌われるほど一般
化していた。

　文学では尾崎紅葉の『金色夜叉』中編・第 1 章（1897 年）に「此奴が君、我々
の一世紀前に鳴した高利貸で、赤樫権三郎と云つては、いや無法な強慾で、加ふ
るに大々的嬪物と来て居るのだ」と「アイス」が使われている。紅葉は赤樫の妻
満枝が美人の高利貸しだったので「美人クリイム」と造語をした。

　その後も大正時代までは「アイス」「アイスクリーム」は使われた。『東京語辞
典』（1917 年）に「あいす〔高利貸〕高利貸。アイスクリームの訳語氷菓子の音
似通ふより称す。」とある。しかし、昭和になると「アイス」は消えていった。
なぜ消えていったのか。それはことば遊びのしゃれから出たことばで、当初は少
しばかりウイットに富んだものであったが、飽きられて消えていったのではない
か。

◉赤ゲット

　「赤ゲット」は赤毛布のマント。「ケット」は「ブランケット」の略。それを身につけて東京見物のお上りさんのこと。田舎者の代名詞。朴念仁『へなぶり』（1905年）に「赤毛布の気燄　あんだツて田舎者だと馬鹿こくな　おいらが無けりや干ほしだんべえ」とあり、坪谷水哉「明治百年東京繁昌記」『冒険世界』（1910 年 4月 20 日号）に「東京見物の赤毛布といふ者は今明治百年になつても、矢張り昔と異らず、見物人は、始めて東京へ出て来て、何を見ても驚いて居るが」と未来の東京のことを予想している中に出てくる。「赤ゲット」は地方の都市化が進んでくる大正時代になると、その格好もことばも消えていった。

◉一六ドンタク

　「一六ドンタク」は 1868 年 6 月 13 日に役所は毎月 1 と 6 の日を休日と制定したところから、それを指して言う。「ドンタク」はオランダ語 Zondag（日曜日）から、休日の意。成島柳北『柳橋新誌』2 編（1874 年）に「新哇 有リ曰ク一六休暇大に宴を張る蓋シ一六之日泰西日曜日之制ニ倣ヒ各省皆閉ヂ官員休沐ス」とあるように「一六ゾンタク」とも言った。1876 年 4 月から日曜日が休日に制定されて、「一六ドンタク」は消えていった。

◉円太郎馬車

　「円太郎馬車」は乗合馬車のこと。略して「円太郎」とも言う。落語家・四代目橘家円太郎が高座で乗合馬車のラッパを吹く馬丁をまねて「おばあさん、危ないよ」と言って評判になったところからついた乗合馬車の別名。東京では 1872年に新橋－浅草間に乗合馬車が開通し、1879 年に浅草－宇都宮間も開通した。一頭立てまたは二頭立てであった。ガタガタ音がするので「ガタ馬車」「ガタクリ馬車」とも呼ばれた。山本笑月『明治世相百話』珍妙な当り芸列伝（1936 年、第一書房）に「おつぎは例の円太郎で三遊派の人気者。でつぷり肥つた大男、色の白い眼の細い童顔の愛嬌男、話はたいてい権助の出る落語でごまかし、懐中より真鍮のラツパ、お婆さんあぶないとプウプウ、手綱取る手つきでキユツキユツといひながら又プウプウ。これが評判になつて結局円太郎馬車と今に通用。」と書いてある。1882 年 6 月 25 日に「鉄道馬車」が新橋－日本橋間に開通。円太郎馬車は明治中頃から場末、田舎に存続したが、1903 年に東京市街鉄道「街鉄」

が開通し、さらに 1908 年、鉄道院が発足して「院線」が開通し、徐々に消えていった。

●角　袖

「角袖」は「角袖巡査」の略で、私服の刑事のこと。巡査は制服を着るが、刑事は仕事がら平服（私服）であった。その姿は和服に角袖コートであったところから、刑事を指すようになり、単に「角袖」だけで刑事を意味するようになった。スリや泥棒などの犯罪者たちは頭音を末音に倒置して「くそでか」にし、さらに略して「でか」と言った。これが「でか」の語源である。

●勧工場

「勧工場」は商店が組合制度を作って、一つの建物の中でいろいろな商品を売った場所。今日のスーパーマーケットのような小売店。1878 年、東京に第一勧工場ができて以来、市内のあちこちに出現した。1904 年、三越呉服店のデパートの出現の後、呉服店であった白木屋・大丸・高島屋・松坂屋・松屋がデパートへと移行し、勧工場は姿を消した。しかし、明治時代を振り返ったものにはしばしば登場する。一例を挙げると、川上澄生『少々昔噺』第 17（1936 年）に「東明館、南明館、新橋側の博品館、それから芝にも上野広小路にも九段の下にも勧工場があつた。いろいろ異つた店が隣り合つて細い路に続いて一階からひとりでに二階へ昇り又下に降りて出口になつてしまふ。」とある。

●ステンショ

「ステンショ」は「ステーション」の訛りで、駅。1872 年 9 月 12 日に新橋 − 横浜間に鉄道が開通した。「新橋ステーション」と「ステーション」が使われた。『日本新聞』（1894 年 1 月 15 日）に「ステーションは英語なり。いつか採用せられて邦語となりかゝれり。俚言には早くステンショといふ。ステンショ面白し。漢学者は『須転処』の意味なりと解せん。」と書いている。英語 station の訳語に「停車場」があったが、明治の前半は「ステンショ」と庶民は言っていた。しかし、やがて「停車場」が広まり、明治後半は「ステンショ」は無学な者、年寄りのことばのように思われ消えていった。佐々木邦『苦心の学友』家来の一日（1927 〜 1929 年）に「『いや、新橋ステンショの下等待合室と思はなければなりません』

と何処までも三十年前だ。」と老人のことばの中に「新橋ステンショ」が出てくる。

●どうする連

「どうする連」は明治20年代から30年代にかけて大流行した娘義太夫の追っかけファンのこと。その多くは書生であった。平出鏗二郎『東京風俗志』第十章第五節（1899～1902年）に「かの下足札をたゝいてドースルドースルと騒ぐドースル連は」と、さわりの文句のところにさしかかると下足札をたたいて「どうする、どうする」とかけ声をかけたところからついた名。娘義太夫の人気が下火になると「どうする連」もやがて消えていった。

●二百三高地

「二百三高地」は庇髪の前を大きく張り出し、高くした女学生のヘアスタイル。日露戦争中（1904～1905年）、旅順攻防の拠点になった二百三高地に形が似ているところから戦後、名付けられた。生方敏郎『明治大正見聞史』明治時代の学生生活・八（1926年）に「女学生は女子大学の出来た頃から世間の表面に現はれて来た。海老茶の行燈袴を穿き、前髪をズッと前に突出した所謂庇髪に結って三々五々道を行く女学生の姿は人々の注意を惹いた。その後漸く髪の様式に幾分の変化を加へ、庇髪を高くしたので、世人これを旅順口の難攻不落の砲台に譬へて二百三高地と呼ぶに至つた。」とある。「二百三高地」は庇髪の一種であるが、流行は廃れるもので、それとともに消えていった。

●魔風恋風

「魔風恋風」は1903年2月から9月まで小杉天外が『読売新聞』に連載した小説のタイトル。当時珍しい自転車に乗る女学生が主人公の自由恋愛物語。男女学生の先端的な風俗が描かれ、その語呂の良さもあって流行語になった。流行歌「ハイカラソング」（1909年）にも「ゴールド眼鏡のハイカラは　都の西の目白台　女子大学の女学生　片手にバイロン　ゲーテの詩　口に唱える自然主義　早稲田の稲穂がサーラサラ　魔風恋風そよそよ」と歌われた。流行語と流行歌は所詮、はやり物なので飽きたら使われなくなり、消えていった。

●露探

　「露探」は 1904 年 2 月 10 日、日本はロシアに宣戦布告し、日露戦争が始まった。その前後、ロシアに内通した日本人スパイを指して言ったことばで、流行語になった。「露西亜の探偵」の略。『滑稽新聞』第 66 号（1904 年 2 月 15 日）に「去月来露探露犬として其筋に捕縛されたり、注意されたりして居る者共は、大抵此ニコライ教徒、邪教学校の出身者である」と、ロシア正教会関係者が疑われた。その後、この語は転じて、他人を卑しめて言う語にもなった。しかし、日露戦争の終結とともに「露探」はやがて消えていった。

ま　と　め

　明治時代語が消えていった理由は次の通り。

①歴史的理由にはいくつかの種類がある。

　　第一に事物の変化・法律の改廃・事物の普及による。

　　第二に文化の変化による。

　　第三に人の変化、職業の消滅による。

②社会的理由にはいくつかの種類がある。

　　第一にそれを指す事態があまりにも一般的になり、あえて言う必要がなくなったため。

　　第二にそれに反対する状況が生まれたため。

　　第三に地方の都市化のため。

　　第四に流行の風俗で廃れたため。

③言語的理由にはいくつかの種類がある。

　　第一に似た誤った発音が普及したため。

　　第二に漢音・呉音の交替による。

　　第三に語の新旧の問題で、従来の古い語に対して新しい言い方が出て来たため。

　　第四にことばの遊びで作られた語は飽きられるため。

④言語感覚的理由。ことばに特殊なニュアンスが含まれるから。

本書のまとめ

　第1章から第12章で取り上げた俗語と一般語の消えていった理由をもう一度まとめて掲げておこう。

[1]「外国語もどき」が消えていった理由
　①外国語が未知の、あこがれの言語ではなくなったから。
　②学生たちによる遊びの造語だから。

[2]「もじり」が消えていった理由
　①その当時の世相を表すことばだから。
　②ただの遊びのことばだから。

[3]「る」ことばが消えていった理由
　①江戸時代の「る」ことばのように、ある位相の限られた範囲で使われたことばで、一般化しにくかったため。
　②外来語につく「る」ことばのように、会話の娯楽の手段として大量に造られ消費され、使い捨てだったから。
　③人名につく「る」ことばのように、話題になった人物から生まれ、話題に上らなくなれば使われなくなるから。

[4] 流行語が消えていった理由
　①社会的理由から、流行語になった状況が一般化したりなくなったりするので消えていく。
　②心理的理由から、有名人が口にするのを追従する大衆心理や、人が使っているから自分も使わないと時代遅れになるとか仲間はずれになるとかいう意識が働いて流行語になったが、こういう心理は一時的なので消えていく。
　③言語的理由から、そのことばの持つ語形・意味・用法の奇抜さ、新鮮さや日

常会話に使用できる範囲の広さから流行したが、使い古せばそれはなくなり飽きるので消えていく。ただし、日常会話に使用できる範囲が広く、応用が利くことから流行語になったものはある程度長く使われる。

④言語感覚的理由から、あまり意味のない音を感覚的に発する流行語はなれればおもしろさを感じなくなるので消えていく。

[5] 若者ことばが消えていった理由

①これがもっとも大きな理由だが、若者ことばは社会のあり方を反映しているので、社会が変われば、若者ことばは変わり、あるものは消えていく。

②戦前と戦後の比較で、男子学生語はエリートの階層語であったが、戦後、学生が増大し、特別の存在でなくなったため。

③戦後、男女共学となり、女学生ことばが消えた。

④1960年代の学生運動の時代の若者ことばは運動が終焉したために消えた。

⑤現代若者ことばは消費娯楽社会、「楽」社会の中でことばを遊び、大量生産したため消えた。

[6] 老人語が消えていった理由

①当時代の一般的な語と比べて古い語だからだ。すでに新しい語に取って代わられているから。

②遠回しに言うとか比喩的に言うとかは少なくなり、直接的な表現が多くなったから。

[7] 隠語が消えていった理由

①スリの隠語は一般人の生活、交通手段などが変化したため。

②僧侶の隠語は飲酒、肉食を忌むことがなくなってきたため。

③戦前の女学生隠語は比喩によるもので、比喩に使われた元のことばやものが今ではよくわからなかったり、使わなくなったりしたため。

④旧海軍の士官の隠語は海軍という組織がなくなったため。またそれに関係する職業も場所もなくなったため。

[8] **業界用語が消えていった理由**

①警察用語（刑事用語）は警察（刑事）がサラリーマン化したため。

②医療業界用語は古いドイツ語系の用語が新しい英語系の用語に追いやられる
　傾向にあるが、これは医学教育がドイツ語から英語に移行しているため。

③銀行業界用語は機械化や差別用語追放運動のため。

④寄席楽屋用語は住み込みの内弟子が減ったため。

⑤新聞業界用語は通信手段の発達、戦争中のことばの忌避、記者のあり方の変
　化など様々な理由がある。

[9] **卑罵表現が消えていった理由**

①社会階層が均質化したから。社会階層がはっきりしている社会では卑罵表現
　は多いが、横並びの社会では本音を出さず、うわべを飾るため、少ない。

②男女対等意識が強くなり、男性が女性を蔑視するような表現が不当とされた
　から。

③語源が不明になったから。

④差別を避ける意識が生じたから。

[10] **外来語慣用句が消えていった理由**

①新しい同義（類義）句が出現したから。

②その句にある「におい」がついていたから。

③古く意味が不明だから。

④俗っぽく軽く感じられたから。

⑤慣用句に含まれている外来語の意味が変化したから。

⑥社会（男女関係・衣生活）が変化したから。

[11] **一般語が消えていった理由**

①歴史的理由にはいくつかの種類がある。

　　第一に事物の変化・機能形態の変化・事物の普及による。

　　第二に文化の変化、たとえば西洋化に伴う変化による。

　　第三に人の変化、たとえば家族制度の変化、職業の消滅による。

②社会的理由にはいくつかの種類がある。

第一に民主主義社会になり、主権在民、個人の尊重、個人の自由が唱えられ、天皇の絶対性は否定されたことなどによる。

第二に豊かな社会の出現で、高度経済成長により物質的に豊かな社会になったことによる。

第三にボーダーレス社会の出現による。

第四に男女平等社会の出現による。

③言語的理由にはいくつかの種類がある。

第一に語の新旧の問題で、従来の古い語に対して新しい言い方が出て来たため。

第二に堅い漢語や文章語だから。

第三に流行語は使い古され飽きるため。

④言語感覚的理由。語感が悪いため。

[12] 明治時代語が消えていった理由

①歴史的理由にはいくつかの種類がある。

第一に事物の変化・法律の改廃・事物の普及による。

第二に文化の変化による。

第三に人の変化、職業の消滅による。

②社会的理由にはいくつかの種類がある。

第一にそれを指す事態があまりにも一般的になり、あえて言う必要がなくなったため。

第二にそれに反対する状況が生まれたため。

第三に地方の都市化のため。

第四に流行の風俗で廃れたため。

③言語的理由にはいくつかの種類がある。

第一に似た誤った発音が普及したため。

第二に漢音・呉音の交替による。

第三に語の新旧の問題で、従来の古い語に対して新しい言い方が出て来たため。

第四にことばの遊びで作られた語は飽きられるため。

④言語感覚的理由。ことばに特殊なニュアンスが含まれるから。

　以上から、実にさまざまな理由からことばは消えていったと言える。ことばが消えていくのはことばの変化の一つだ。ことばの話題によくのぼる「乱れ」の批判は、ことばが変化することを忘れているところから出ていると考えられる。

読者のための参考書──俗語に関係する拙著

『明治大正新語俗語辞典』東京堂出版　1984 年

『新語と流行語』南雲堂　叢書・ことばの世界　1989 年

『Beyond Polite Japanese』（英語ペーパーバック）Jeff Garrison 訳　講談社イン
ターナショナル　1992 年

『女子大生からみた老人語辞典』文理閣　1995 年

『現代若者ことば考』丸善　丸善ライブラリー　1996 年

『若者ことば辞典』東京堂出版　1997 年

『若者語を科学する』明治書院　1998 年

『読んでニンマリ　男と女の流行語』小学館　小学館ジェイブックス　1998 年

『集団語辞典』東京堂出版　2000 年

『業界用語辞典』東京堂出版　2001 年

『明治・大正・昭和の新語・流行語辞典』三省堂　2002 年

『日本俗語大辞典』東京堂出版　2003 年

『これも日本語！あれもニホン語？』日本放送出版協会　2006 年

『集団語の研究　上巻』東京堂出版　2009 年

『ことば観察にゅうもん』祖父江慎 絵　福音館書店　たくさんのふしぎ傑作集
2010 年（『月刊たくさんのふしぎ』2008 年 4 月号の単行本化）

『俗語発掘記　消えたことば辞典』講談社　講談社選書メチエ　2016 年

『俗語入門―俗語はおもしろい！―』朝倉書店　2017 年

語彙索引

事 項 索 引

著者略歴

米川明彦（よねかわあきひこ）

1955 年　三重県に生まれる
1985 年　大阪大学大学院文学研究科博士課程修了
現　在　梅花女子大学文化表現学部・教授
　　　　学術博士
専　攻　日本語語彙・手話言語研究

ことばが消えたワケ
　—時代を読み解く俗語の世界—　　　　　　　定価はカバーに表示

2018 年 5 月 10 日　初版第 1 刷

著　者　米　川　明　彦
発行者　朝　倉　誠　造
発行所　株式会社　朝　倉　書　店
　　　　東京都新宿区新小川町 6-29
　　　　郵便番号　162-8707
　　　　電　話　03 (3260) 0141
　　　　F A X　03 (3260) 0180
　　　　http://www.asakura.co.jp

〈検印省略〉

© 2018 〈無断複写・転載を禁ず〉　　　　　　教文堂・渡辺製本

ISBN 978-4-254-51059-1　C 3081　　　Printed in Japan

<table>
<tr><td>

梅花女子大 米川明彦著

俗　語　入　門
—俗語はおもしろい！—

51053-9　C3081　　　　　A 5 判 192頁 本体2500円

</td><td>

改まった場では使ってはいけない，軽く，粗く，汚く，ときに品がなく，それでいてリズミカルで流行もする話しことば，「俗語」。いつ，どこで，だれが何のために生み出すのか，各ジャンルの楽しい俗語とともにわかりやすく解説する。

</td></tr>
<tr><td>

日本ことわざ文化学会 時田昌瑞著

こ と わ ざ の タ マ ゴ
—当世コトワザ読本—

51056-0　C3581　　　　　A 5 判 248頁 本体2300円

</td><td>

メディアを調査した著者が，新しく生まれるコトワザ800余を八つの視点から紹介。ことばと人の織りなす世相を読み解く1冊。〔分野〕訓戒・道しるべ／人と神様／人と人／世の中／気象・地理など／衣食住・道具など／動植物／ことばの戯れ

</td></tr>
<tr><td>

国立国語研 大西拓一郎編

空 間 と 時 間 の 中 の 方 言
—ことばの変化は方言地図にどう現れるか—

51052-2　C3081　　　　　A 5 判 360頁 本体7400円

</td><td>

言語変化の実態を明らかにすることを目指した研究成果を紹介する。国立国語研究所を中心として3次にわたって行われた全国調査の成果を軸に，同地域で異なる年代の調査結果を比較することで，時間と空間の双方から実証的に把握する。

</td></tr>
<tr><td>

大正大 伊藤雅光著

Ｊ ポ ッ プ の 日 本 語 研 究
—創作型人工知能のために—

51054-6　C3081　　　　　A 5 判 216頁 本体3200円

</td><td>

Ｊポップの歌詞を「ことば」として計量的な分析にかけていくことで，その変遷や様々な特徴を明らかにしつつ，研究の仕方を示し，その成果をもとに人工知能にラブソングを作らせることを試みる。AIは一人で恋の歌を歌えるのか？

</td></tr>
<tr><td>

沖森卓也・阿久津智編著
岡本佐智子・小林孝郎・中山惠利子著
日本語ライブラリー

こ と ば の 借 用

51613-5　C3381　　　　　A 5 判 164頁 本体2600円

</td><td>

外来の言語の語彙を取り入れる「借用」をキーワードに，日本語にとりいれられてきた外来語と外国語の中に外来語として定着した日本語を分析する。異文化交流による日本語の発展と変容，日本と日本語の国際社会における位置づけを考える。

</td></tr>
<tr><td>

立教大 沖森卓也編著
東洋大 木村　一・日大 鈴木功眞・大妻女大 吉田光浩著
日本語ライブラリー

語　　と　　語　　彙

51528-2　C3381　　　　　A 5 判 192頁 本体2700円

</td><td>

日本語の語（ことば）を学問的に探究するための入門テキスト。〔内容〕語の構造と分類／さまざまな語彙（使用語彙・語彙調査・数詞・身体語彙，他）／ことばの歴史（語源・造語・語種，他）／ことばと社会（方言・集団語・敬語，他）

</td></tr>
<tr><td>

奈良大 真田信治編著
日本語ライブラリー

方　　　言　　　学

51524-4　C3381　　　　　A 5 判 228頁 本体3500円

</td><td>

方言の基礎的知識を概説し，各地の方言を全般的にカバーしつつ，特に若者の方言運用についても詳述した。〔内容〕概論／各地方言の実態／（北海道・東北，関東，中部，関西，中国・四国，九州，沖縄）／社会と方言／方言研究の方法

</td></tr>
<tr><td>

蒲谷　宏編著　金　東奎・吉川香緒子・
高木美嘉・宇都宮陽子著
日本語ライブラリー

敬 語 コ ミ ュ ニ ケ ー シ ョ ン

51521-3　C3381　　　　　A 5 判 180頁 本体2500円

</td><td>

敬語を使って表現し，使われた敬語を理解するための教科書。敬語の仕組みを平易に解説する。敬語の役割や表現者の位置付けなど，コミュニケーションの全体を的確に把握し，様々な状況に対応した実戦的な例題・演習問題を豊富に収録した。

</td></tr>
<tr><td>

立教大 沖森卓也・東海大 曺　喜澈編著
日本語ライブラリー

韓　国　語　と　日　本　語

51612-8　C3381　　　　　A 5 判 168頁 本体2600円

</td><td>

日韓対照研究により両者の特徴を再発見。韓国語運用能力向上にも最適。〔内容〕代名詞／活用／助詞／用言／モダリティー／ボイス／アスペクトとテンス／副詞／共起関係／敬語／漢語／親族語彙／類義語／擬声・擬態語／漢字音／身体言語

</td></tr>
<tr><td>

立教大 沖森卓也・立教大 蘇　紅編著
日本語ライブラリー

中　国　語　と　日　本　語

51611-1　C3381　　　　　A 5 判 160頁 本体2600円

</td><td>

日本語と中国語を比較対照し，特徴を探る。〔内容〕代名詞／動詞・形容詞／数量詞／主語・述語／アスペクトとテンス／態／比較文／モダリティー／共起／敬語／日中同形語／親族語彙／諧声／擬音語・擬態語／ことわざ・慣用句／漢字の数

</td></tr>
</table>

京大 定延利之編著　帝塚山大 森　篤嗣・
熊本大 茂木俊伸・民博 金田純平著

私たちの日本語

51041-6 C3081　　　　　　A 5 判 160頁 本体2300円

意外なまでに身近に潜む，日本語学の今日的な研究テーマを楽しむ入門テキスト。街中の看板や，量販店のテーマソングなど，どこにでもある事例を引き合いにして，日本語や日本社会の特徴からコーパスなど最新の研究まで解説を試みる。

京大 定延利之編

私たちの日本語研究
―問題のありかと研究のあり方―

51046-1 C3081　　　　　　A 5 判 184頁 本体2200円

「日本語」はこんなに面白い。「私たち」が何気なく話して書いて読んでいる「日本語」は，学問的な目線で見るとツッコミどころ満載である。『私たちの日本語』に続き，「面白がる」ことで，日本語学の今日的なテーマを洗い出す。

前宇都宮大 小池清治・県立島根女子短大 河原修一著

シリーズ〈日本語探究法〉4

語　彙　探　究　法

51504-6 C3381　　　　　　A 5 判 192頁 本体2800円

〔内容〕「綺麗」と「美しい」はどう違うか／「男」の否定形は「女」か／「副食物」はフクショクブツか，フクショクモツか／『吾輩は猫である』の猫はなぜ名無しの猫なのか／「薫」は男か女か／なぜ笹の雪が燃え落ちるのか／他

東電大 石塚正英・黒木朋興編著

日　本　語　表　現　力
アカデミック・ライティングのための基礎トレーニング

51049-2 C3081　　　　　　A 5 判 184頁 本体2500円

現代社会で必要とされる，コミュニケーション力や問題解決力などを，日本語表現の土台において身につけていくためのテキスト。文章の構成・書き方を学び，基礎的な用語について理解を深め，実際に文章として書いてみるプロセスを解説。

前都立大 中島平三編

ことばのおもしろ事典

51047-8 C3580　　　　　　B 5 判 324頁 本体7400円

身近にある"ことば"のおもしろさや不思議さから，多彩で深いことば・言語学の世界へと招待する。〔内容〕I.ことばを身近に感じる（ことわざ／ことば遊び／広告／ジェンダー／ポライトネス／育児語／ことばの獲得／バイリンガル／発達／ど忘れ，など）　II.ことばの基礎を知る（音韻論／形態論／統語論／意味論／語用論）　III.ことばの広がりを探る（動物のコミュニケーション／進化／世界の言語・文字／ピジン／国際語／言語の比較／手話／言語聴覚士，など）

前早大 中村　明・早大 佐久間まゆみ・
お茶女大 髙崎みどり・早大 十重田裕一・
共立女大 半沢幹一・早大 宗像和重編

日本語 文章・文体・表現事典 （新装版）

51057-7 C3581　　　　　　B 5 判 848頁 本体16000円

文章・文体・表現にその技術的な成果としてのレトリック，さらには文学的に結晶した言語芸術も対象に加え，日本語の幅広い関連分野の知見を総合的に解説。気鋭の執筆者230名余の参画により実現した，研究分野の幅および収録規模において類を見ないわが国初の事典。〔内容〕文章・文体・表現・レトリックの用語解説／ジャンル別文体／文章表現の基礎知識／目的・用途別文章作法／近代作家の文体概説・表現鑑賞／名詩・名歌・名句の表現鑑賞／文章論・文体論・表現論の文献解題

前東北大 佐藤武義・前阪大 前田富祺編集代表

日　本　語　大　事　典
【上・下巻：2分冊】

51034-8 C3581　　　　　　B 5 判 2456頁 本体75000円

現在の日本語をとりまく環境の変化を敏感にとらえ，孤立した日本語，あるいは等質的な日本語というとらえ方ではなく，可能な限りグローバルで複合的な視点に基づいた新しい日本語学の事典。言語学の関連用語や人物，資料，研究文献なども広く取り入れた約3500項目をわかりやすく丁寧に解説。読者対象は，大学学部生・大学院生，日本語学の研究者，中学・高校の日本語学関連の教師，日本語教育・国語教育関係の人々，日本語学に関心を持つ一般読者などである。

朝倉日本語講座（新装版）〈全10巻〉

筑波大学名誉教授　**北原保雄** 監修

各 A5 判・並製　各定価（本体 3400 円＋税）

日本語学の全領域にわたり日本語の諸相を解明。最高水準の知見を体系的かつわかりやすく解説した好評シリーズ, 待望の再刊。

上記価格 (税別) は 2018 年 5 月現在